# 이재명,
# 허구의 신화

**일러두기**

· 존칭, 직책 등은 글의 흐름상 때에 따라 생략했으니, 널리 양해 바랍니다.
· 도서, 기사 등 자료의 출처는 인용문 각각에 개별로 표기하였습니다.

# 이재명,
# 허구의 신화

이재명연구회

이재명은 과연 유능한가?
**이재명의 대표적인 '업적'을 검증한다**

표비

# 목차.

프롤로그     6

제1장   최초로 '박근혜 탄핵' 주장?     11

제2장   '모라토리엄' 쇼와 나비효과     34

제3장   '성남의료원' 완공이 늦어진 이유     55

제4장   허구로 만든 '이재명표 무상복지'     66

제5장   아무 말 대잔치 '기본소득'     97

제6장   '재난지원금'이 업적이라니     129

제7장   망상에 가까운 '기본주택'     144

제8장   '일산대교' 강제 침탈과 '버스 준공영제'     152

제9장   상품권을 '지역화폐'라고 우기는 이유     186

# 이재명, 허구의 신화
### 이재명의 대표적인 '업적'을 검증한다

| | | |
|---|---|---|
| 제10장 | 사회주의국가 문을 연 '배달특급' | 202 |
| 제11장 | 남의 업적을 훔친 '계곡 정비' | 210 |
| 제12장 | 완장 찬 골목대장 놀이 '신천지 급습' | 226 |
| 제13장 | '페이퍼 컴퍼니 단속'이 업적이라고? | 247 |
| 제14장 | '고액 체납자 출국금지'는 지자체장의 의무 | 256 |
| 제15장 | 이미 법제화한 '노동자휴게실' 재활용 | 262 |
| 제16장 | 용두사미로 끝난 '24시간 닥터헬기' 쇼 | 268 |
| 제17장 | 퇴폐 안마시술소, 치과주치의, 건강과일, 푸드마켓 | 274 |
| | 책을 마치며 | 283 |

# 프롤로그

더불어민주당에 이재명학 열풍이 불고 있다. 이재명에 관해 공부하자는 취지다. 역대 어느 정당에서도 볼 수 없었던 낯선 풍경이 펼쳐지고 있다. 전 세계적으로도 유례가 별로 없다. '하일 히틀러!'를 외치던 독일 제3 제국의 선전·선동, 소비에트의 스탈린 신격화, 중국 공산당의 마오쩌둥 학습, 그리고 휴전선 위쪽 북한의 김일성, 김정일, 김정은 3대 통치자에 대한 우상화 등 전체주의 국가와 독재 국가를 제외하고는 사례가 전무한 일이 21세기 대한민국 거대 집권 여당에서 벌어지고 있다. 그것도 군사독재정권에 맞서 싸워온 '민주주의와 자유주의' 정체성을 가진 정당에서 말이다.

시중에 나온 이재명 관련 책은 총 10권이 넘는다. 대통령 선거 이전에 후보와 관련해 이렇게 많은 책이 출간된 것도 전례가 없다. 역대 대통령 선거에 출마했던 후보들도 당연히 책을 펴냈다. 하지만 자신의 삶을 담은 책 한 권 정도와 정책이나 철학, 업적을 소개하는 정도에 그쳤다.

　김대중 전 대통령은 『대중경제론』 등 주로 정책과 관련된 책이었고, 노무현 전 대통령은 자서전 격인 『여보, 나 좀 도와줘』를 제외하고는 『노무현의 리더십 이야기』, 『노무현이 만난 링컨』 등 주로 정치 철학과 정책에 관한 책이 전부였다. 심지어 이명박 전 대통령도 자서전 한 권에 서울시장 당시 업적을 알리는 책 정도에 불과했다. 나머지 대통령 후보들도 합쳐봐야 서너 권에 불과했다. 더구나 역대 대통령 후보들의 경우 살아온 이야기를 담은 책은 한 권으로 그쳤다. 왜냐하면, 새로운 이야기가 아닌 이상, 한 권으로 충분하기 때문이다.

　하지만 이재명과 관련된 책은 남다르다. 〈이재명연구회〉는 이재명과 관련된 책을 모두 입수해 밑줄 그어가며 읽고 요약 정리하여 비교 분석했다. 그 결과, 어린 시절 가난하고 고생했던 이야기는 모든 책에 빠지지 않고 등장한다. 이재명의 가장 든든한 자산은 뭐니 뭐니 해도 가난하게 고생하며 살았던 이야기다. 대한민국에서 가난하고 힘들고 서럽게 살았던 사람은 이재명 한 사람밖에 없는 듯한 착각마저 든다. 이재명 관련 책의 공통 키워드는 그야말로 '기승전 가난'으로 통일된다. 그래서인지 더불어민주당에서 이재명 학습 열풍이 불면서 써낸 독후감도 하나같이 '가난한 소년공 이재명' 이야기이다.

　문제는 책마다 그 내용도 제각각이라는 사실이다. 이재명 본인의 서술조차 해가 바뀔수록 조금씩 달라진다. 특징으로는 감정을 불러일으키기 위한 형용사와 부사가 굉장히 많이 쓰였다는 것이다. 초기에 쓴 문장은 비교적 담담한 문체로 자신의 삶을 정리했다면, 해가 갈수록 스토리가 조금씩 변형된다는 점이다.

이재명 본인도 그렇지만, 외부인들이 쓴 책은 아예 이재명이 서술하거나 진술한 적이 없는 새로운 내용도 과감하게 집어넣었다. 그야말로 "솔방울로 수류탄을 만드는" 수준이다. 사실과 다른 내용은 부지기수다. 성남시장과 경기도지사 시절 이재명 측이 뿌린 보도자료를 바탕으로 만들어진 이재명의 업적은 이제 선거법상 허위 사실 유포에 해당할 내용이 수두룩하다. 그런데도 진실처럼 이야기되고 있다.

그래서 〈이재명연구회〉는 이재명의 업적에 관해 객관적으로 서술한 책이 필요하다는 문제의식을 느끼고 하나하나 검증했다. 언론이 보도자료를 그냥 받아쓰지 않고, 이재명 측이 흘려준 대로 받아쓰지 않고 최소한 인터넷 검색이라도 해봤다면 하지 않아도 될 일을 우리 연구회가 하게 됐다. 검증하지 않는 언론 덕분에 이재명은 대통령 후보에까지 올라갔고, 덕분에 우리 연구회도 할 일이 생겼다.

우리 연구회는 최대한 공개된 정보를 토대로 교차 검증했다. 이재명이 이런저런 핑계로 공개하지 않은 정보로 인해 일방적으로 유포된 정보의 경우 최대한 조심스럽게 접근했다. 과도한 추측은 자제했다.

이 책에서 우리는 '일 잘하는 이재명'이라는 이미지를 만들어 준 이재명의 업적을 검증했다. 이재명 본인은 물론이고 지지자들, 그리고 더불어민주당은 공통적으로 도덕성에는 문제가 있지만(심지어 최근에는 전과 4범도 모두 공익을 위한 것으로 서사를 새롭게 쓰고 있기는 하지만), '일은 잘한다'고 이야기한다. 성남시장과 경기도지사로 재임하면서 행정 능력이 입증됐고, 실력 있었다는 주장이다. 그래서 도덕성은 자신들 스스로도 자신 없어 하는 부분이라 뒤로 넘기고, 가장 자신 있어 하는 행정 능력부터 검증하기로 했다.

〈이재명연구회〉는 나라를 팔아먹어도 무조건 특정 정당을 지지하는, 그런 입장을 배격한다. 보수 정당에서 세종대왕이 나와도 안 찍는다는 유시민 부류의 발상이 대한민국 민주주의의 위기를 불러온다는 입장을 견지한다. 현 정부를 지지했지만, 더불어민주당을 더 이상 지지하지는 않는다.

정치사상이나 철학적으로 존 스튜어트 밀로부터 시작된 '사회적 자유주의'와 영국의 토니 블레어, 미국의 클린턴과 오바마, 독일의 게르하르트 슈뢰더, 그리고 우리나라의 김대중과 노무현이 채택했던 중도자유주의 온건 개혁 노선을 지지한다. 시장경제를 바탕으로 우리나라가 감당할 수 있는 범위에서 복지정책을 점진적으로 확대하는 노선을 지지하고, 개혁에 있어서도 과거를 무조건 부정하는 파괴적 개혁이 아니라 전통과 관습도 존중하는 바탕에서 최대한 합의를 통해 바꾸어나가는 온건 개혁 노선을 지지한다. 개혁이라는 명분 아래 상대방을 말살해야 할 적으로 규정하는 과격한 집단을 민주주의의 적으로 생각한다.

타인의 물건을 내 것으로 만드는 범죄에는 강도만 있는 건 아니다. 절도, 횡령, 사기도 있다. 권력을 훔치는 방법은 쿠데타만 있는 건 아니다. 국민을 속여서 권력을 획득하는 사기도 가능하다. 우리 연구회는 그런 사기를 방지하기 위해 이 책을 썼다.

이 책이 이재명을 공부하는 사람들에게 많은 도움이 되기를 바란다. 특히 당 차원에서 학습 열풍을 일으키고 있는 더불어민주당 송영길 대표 이하 국회의원들과 원외 정치인은 물론이고 당원, 지지자들 모두 읽어준다면 감사하겠다. 아울러 이재명을 상대하는 국민의힘과 윤석열 후보, 국민의당과 안철수 후보 등 여타 야권 정치인들과 그 지지자들에게도 도움이 되기를 바란다.

정치적 가치관과 철학은 서로 달라도 우리는 모두 대한민국이라는 한배에 탑승하고 있다. 누구는 살고 누구는 죽는 게임이 아니다. 지도자를 잘못 뽑아 대한민국이 침몰한다면 우리 모두 죽는다. 다 같이 사는 길을 찾아야 한다.

## 제1장
## 최초로 '박근혜 탄핵' 주장?

# 이재명, 제1차 광화문 촛불집회에서 박근혜 하야를 외치다

2016년 10월 29일 민중총궐기 투쟁본부 주최로 박근혜-최순실 국정농단 규탄을 위한 제1차 촛불집회가 광화문광장에서 열렸다. 이날 집회에 이재명 당시 성남시장이 참석했다. 그는 연단에 서서 이렇게 외쳤다.

"박근혜는 이미 대통령이 아닙니다. 즉각 형식적인 권력을 버리고 하야해야 합니다. 아니 사퇴해야 합니다. 탄핵이 아니라 지금 당장 권력을 놓고 집으로 돌아가십시오. 일각에서는 하야하면 혼란이 온다, 탄핵하면 안 된다, 이렇게 말하고 있습니다. 저는 확신합니다. 지금 전쟁의 위기를 겪고, 나라가 망해가도 수백 명의 국민이 죽어가는 현장을 떠나버린 대통령이 있는 것보다도 더 큰 혼란이 있을 수 있습니까? … 박근혜 대통령은 이미 대통령이 아니기 때문에 국민의 뜻에 따라 지금 즉시 옷을 벗고 집으로 돌아가 주십시오."

운집한 시민들이 열렬히 환호했음은 두말할 나위 없다. 이날 연설로 이재명의 인지도와 대통령 후보 선호도는 순식간에 치솟았다. 1차 촛불집회를 기점으로 더불어민주당의 지지도가 처음으로 새누리당을 역전했다. 그리고 이재명의 지지율은 10월 29일부터 사흘 연속 상승하며 11월 2일에는 10%를 돌파했다. 당시 상황을 여론조사전문기관 〈리얼미터〉는 이렇게 전하고 있다.

> "이재명 시장은 일간으로, 10월 31일(월)에는 지난주 주간 집계 대비 2.6%P 오른 8.5%로 자신의 일간 최고치를 경신했고, '대통령 하야, 비상구국회의 구성'을 주장했던 11월 1일(화)에도 9.3%로 상승하며 이틀 연속 최고치를 경신한 데 이어, 박근혜 대통령의 탄핵과 구속을 주장했던 2일(수)에도 10.0%까지 오르며 3일 연속 일간 최고치를 경신한 것으로 나타났다."

2016년 10월 29일 제1차 촛불집회는 대한민국 역사에서 중요한 분기점이었고, 이후 정말 많은 것이 바뀌어버렸다. 앞서 언급한 더불어민주당의 지지율 첫 1위, 이재명 지지율 10% 돌파는 물론 여당인 새누리당조차 당론으로 '거국중립내각안' 촉구를 결정했고, 청와대의 이원종 대통령 비서실장, 우병우 민정수석 등 비서진들의 사표가 수리됐다. 국정농단의 핵심 인물인 최순실도 귀국해 곧장 검찰에 피의자로 소환돼 긴급 체포됐다. 박근혜 전 대통령의 지지율은 20%가 깨지면서 10%대로 주저앉았다.

이런 역사적 분기점에서 정치인으로는 유일하게 광화문집회에서 박근혜 하야를 외친 이재명은 그야말로 혁명의 선봉장쯤으로 보이기에 안성맞춤이었다. 이날 집회에 관해 '이재명이 말하고 서해성이 쓴'『이재명의 굽은 팔』에서 이렇게 서술하고 있다.

> "10월 29일, '박근혜-최순실 게이트'를 규탄하는 청계광장 집회에서 정치인 최초로 박근혜 대통령 하야를 주장했다."

'정치인 최초로' 박근혜 하야를 주장했다는 내용이다. 이재명 본인의 진술뿐만 아니라 정말 많은 사람들이 그렇게 알고 있다. 2021년 11월 21일에 펴낸 『이재명의 싸움』이라는 책에서 지은이 임문영 '경기도청 미래성장정책관'(책 저자 소개에는 '미래를 위한 정책을 개발해왔다'고만 표기하고 있어서 임 씨의 소속과 직책을 자세히 소개한다)도 이렇게 서술하고 있다.

> "2016년 10월 29일은 그가 더불어민주당 정치인 중에서 가장 먼저 박근혜 퇴진과 새누리당 해체를 주장하며 촛불혁명의 선두에 나섰던 날이었다."
>                               ─『이재명의 싸움』 p.41, 임문영 저

이재명의 지지자인 백승대 씨는 2021년 7월에 펴낸 『이재명, 한다면 한다』라는 제목의 책에서 이렇게 서술하고 있다.

"이날 이재명의 연설을 보면서 나는 전투형 노무현을 보았다. 적폐 세력과 대충 타협하지 않고 반드시 굴복시킬 지도자 이재명을 보았다. … 광장에 200만이 넘게 모일 때까지도 정치권은 '거국내각 구성', '명예로운 2선 후퇴'였다. 유력 대권후보였던 문재인 역시 그러했다. 촛불광장에서 수많은 사람이 박근혜 퇴진을 외치고 있을 때 문재인 당 대표를 비롯한 민주당 국회의원들이 '대통령은 국정에서 손 떼라' 팻말을 들고 앉아 있던 모습은 지금까지 내가 본 문재인 모습 중 가장 비루했던 모습이었다. … 정치인은 늘 그랬다. 민중이 저만치 가시밭길을 헤치고 나오면 꽃길을 깔고 걸어왔다. 우리는 그래서 민중들과 함께 걸어가거나 먼저 걸어가는 정치인에게 열광한다. 그 첫 정치인이 바로 노무현이었다. 그리고 지난 그 추운 겨울 촛불집회 현장에서 이재명이 그랬다."

- 『이재명, 한다면 한다』 p.249, 백승대 저

그야말로 위대한 서사시의 탄생이다. 이재명을 지지하는 김윤태(고려대 사회학 교수), 장동훈(전 한국정책방송원장), 김태형(심리학자), 최영묵(성공회대 미디어컨텐츠융합자율학부 교수), 김봉신(리얼미터 수석부장), 최경준(오마이뉴스 선임기자) 등이 공동 집필한 『이재명론』(p.38)에서는 "전대미문의 최순실 게이트로 점화된 2016년의 대한민국이 활화산 같은 촛불정국으로 치달을 때, 그는 사자후를 토하며 뛰어들었다. 그의 '핵사이다' 발언에 시민들은 환호했고 또 전율했다"라고 찬사를 늘어놓았다.

이재명이 최초로 하야를, 혹은 탄핵을 주장했다는 이 위대한 서사시는 과연 사실일까? 아니면 사실 여부와 무관하게 믿고 싶은 대로 믿는 '허구의 신화'일까?

## 최초로 박근혜 하야를 주장한 정치인은 이정미, 탄핵은 박원순, 노회찬, 심상정

10월 29일 제1차 촛불집회에 불을 지핀 것은 10월 24일 저녁 〈JTBC〉 뉴스룸에서 최순실이 사용한 것으로 추정되는 태블릿PC를 공개하면서부터다. 이 태블릿PC에는 최순실이 국정 운영에 개입한 것으로 보이는 내용이 담겼다. 200여 건의 청와대 문건이 유출되고, 대통령 공식 연설문이 사전에 전달된 증거가 있었다. 공교롭게도 24일 오전에는 박근혜가 협의도 없이 국회를 전격 방문해 개헌을 제안한 상황이었다. 박근혜의 정국 돌파 카드가 하루도 지나지 못해 무력화된 것이다.

다음 날인 10월 25일 박근혜의 1차 담화와 대국민 사과가 있었고, 그 유명한 "최순실은 어려울 때 도운 인연으로 연설, 홍보 분야에서 의견을 전달했다. 꼼꼼하게 챙기자는 순수한 마음으로 했다"라는 발언이 나온다.

이날 정의당의 이정미 의원은 박근혜의 하야를, 노회찬과 심상정 의원은 탄핵이 가능하다는 의견을 제시하며 최순실 일당의 구속을 촉구했다. 각종 포털 사이트에서는 이미 '박근혜 탄핵'이 검색어 1위에 오른 상황이었다. 그런데 정의당 정치인들보다 먼저 박근혜 탄핵을 주장한 정치인이 있었다. 고 박원순 전 서울시장이다. 그는 10월 13일 "박근혜는 탄핵 대상"이라는 주장을 펼쳤다. 최순실 게이트가 수면 위로 떠 오르던 상황이었다.

## 이재명의 최초 입장은 '탄핵 불가론'이었다

박원순 전 서울시장이 '박근혜 탄핵'을 거론하자 바로 다음 날인 10월 14일 이재명은 김어준의 〈파파이스〉에 출현해 '탄핵 불가론'을 내놓는다.

> "국회에서 의결될 가능성 제로. 거기다 역량을 소진할 순 없어요. 그러면 이게 헌법재판소에서 가결됐다고 통과되냐? 제로. 현실성이 없잖아요. … 실현 불가능한 탄핵 애기만 하면 기분만… 기분이나 좋을까? 나중에 되도 않는 거 했다고 성질만 나겠지."

박원순이 탄핵을 내놓자 이재명이 맞받아친 셈이다. 그런데 〈JTBC〉 태블릿PC 보도로 격화된 민심이 모인 제1차 촛불집회에서 기존 입장을 싹 바꿔서 혁명의 선봉장 행세를 한 사람이 바로 이재명이다.

이재명의 입장 변화는 이것만이 아니다. 10월 25일 정의당의 심상정, 노회찬, 이정미가 각각 탄핵과 하야를 거론한 것과 달리 더불어민주당은 신중한 입장을 내놨다. 대선 후보 1위를 달리던 문재인 상임고문은 다음 날인 10월 26일 "검찰 수사를 자청하라. 당적을 버리고 국회와 협의하여 거국중립내각을 구성하라. 국민들이 신뢰할 수 있는 강직한 분을 국무총리로 임명해 국무총리에게 국정의 컨트롤 타워 역할을 맡겨라"라는 입장을 내놨다.

앞서 백승대 씨의 책 내용에서 언급했듯이 이재명 지지자들은 문재인과 더불어민주당의 신중한 입장을 강하게 비판했다. 그러면서 화끈한 이재명을 치켜세웠다. 그렇다면 이재명은 어떤 입장이었을까? 10월 14일 '탄핵 불가론'을 주장했던 이재명은 분위기가 바뀌자 10월 26일 "거국중립내각을 구성해 하야하고, 야권은 탄핵 절차에 들어가야 한다"라는 입장으로 선회했다. 분위기가 바뀌자 잽싸게 여론에 숟가락 얹기에 나선 것이다.

## 듣기 좋은 소리라면
## 양립할 수 없는 주장도
## 마구 내놓는 이재명

여기서 짚어야 할 것은 '하야'와 '탄핵'은 양립할 수 없다는 점이다. 박원순과 노회찬, 심상정은 탄핵을, 이정미는 하야를 주장한 이유는 둘 중 하나를 선택할 뿐이지 둘을 병행할 수 없기 때문이다. 박근혜가 하야를 하게 되면 탄핵은 불가능하다. 이미 퇴임한 대통령을 탄핵할 법적, 제도적 방법은 없다. 그런데 이재명은 탄핵과 하야 등 여론이 좋아할 만한 표현은 다 갖다 붙였다.

'하야'와 '탄핵'을 동시에 거론했던 이재명은 또다시 말을 바꾼다. 10월 28일에는 "탄핵보단 하야가 바람직하다"라는 입장을 내놓는다. 그리고 바로 다음 날 제1차 광화문 촛불집회에서도 '즉시 하야'를 외치게 된다.

이재명의 입장 변화는 이게 끝이 아니다. 11월 2일에는 "하야 요구가 아니라 탄핵하고 구속할 때"라고 주장한다. 왜 그랬을까? 탄핵을 요구하는 여론이 높아졌기 때문이다. 앞서 언급한 대로, 10월 25일 〈JTBC〉 태블릿PC 보도로 '박근혜 탄핵'이 검색어 1위에 오른 이후 1주일 사이에 탄핵 여론은 50%를 돌파하고 있었다. 당시 여론에 관해 11월 2일 〈리얼미터〉는 이렇게 발표했다.

"'비선실세 국정 개입 사태, 박 대통령 책임 방식에 대한 국민여론' 조사에서, '하야 또는 탄핵해야 한다'는 응답이 55.3%로 절반 이상이었고, '여야 합의 거국내각 구성'은 20.2%, '김병준 총리 중심 국정정상화'는 15.5%로 집계됐다. 이러한 결과는 1주일 전 조사에 비해 '하야 또는 탄핵해야 한다'는 응답이 13.0%P 늘어난 것이다."

제1차 촛불집회가 열린 10월 29일 이전에는 '자진 사퇴 혹은 탄핵'이 42.3%였다. 하지만 다른 여론조사기관 지표로는 확실하게 탄핵으로 기울었다고 보기 힘든 상황이었다. 여전히 국민들은 헌정 중단과 같은 비극적 사태보다는 안정적인 국정수습에 무게를 두고 있었고, 더불어민주당의 추미애 당 대표, 특히 우상호 원내대표는 신중한 태도를 견지하고 있었다.

사실 탄핵은 이재명이 10월 14일 〈파파이스〉에서 말한 대로 섣불리 시도할 수 있는 게 아니었다. 국민 여론도 충분히 뒷받침되어야 하고, 더구나 의결정족수를 채우기 위해서는 새누리당에서 탄핵에 동의하는 의원들이 상당수 나와 줘야 가능했기 때문이다.

당시 이재명의 입장을 정리하면, 10월 14일부터 11월 2일까지 불과 3주도 안 되는 동안 '탄핵 불가 → 즉시 하야하고 탄핵절차 돌입 → 탄핵보다는 즉시 하야 → 하야 요구가 아니라 탄핵하고 구속할 때'로 어지러울 정도로 변화무쌍하게 바뀐다.

그런데 이게 끝이 아니다.

## 정치인의 책임감은 내던지고
## 나 홀로 혁명의
## 선봉장으로 나선 이재명

11월 3일 최순실이 구속되고, 박근혜는 김병준을 후임 국무총리로 지명했다. 다음 날인 4일 박근혜는 2차 담화를 발표해, 검찰조사 및 특검 수용 입장을 발표한다. 이어 5일에는 제2차 촛불집회와 백남기 농민 영결식이 열렸고, 6일에는 우병우 검찰 출석, 7일에는 야 3당이 박근혜-최순실 게이트 특검 도입을 논의하는 등 정국이 숨 가쁘게 돌아가기 시작했다.

이 와중에 박근혜는 11월 8일 사전 조율도 없이 국회를 불쑥 방문해 거취에 대한 입장은 밝히지 않은 채 "국회에서 여야 합의로 총리에 좋은 분을 추천해 주신다면 그분을 총리로 임명해서 실질적으로 내각을 통할해 나가도록 하겠다"라는 말만 하고 10분 만에 국회를 떠났다. 이전까지 헌정 중단을 막고 원만한 사태 해결을 추진하던 여야 모두 분위기가 바뀌었다. 국회 내에서도 거국중립내각 카드가 소멸하고, 2선 후퇴론과 퇴진론이 부상했다.

당시 상황에 대해 우상호는 2017년 10월 25일 자 〈시사iN〉과의 인터뷰에서 이렇게 증언한다.

('〈JTBC〉 태블릿PC 보도부터 탄핵을 준비했나?'라는 질문에)
"촛불집회가 시작되면서 당의 노선을 정할 필요가 있었다.

전략을 총 3단계로 짰다. 1단계, 대통령 2선 후퇴를 요구한다. 바로 탄핵으로 내달릴 수는 없었다. 진보-보수 진영 대결로 가면 '50대 50' 싸움이다. 결국, 탄핵소추안을 통과시키려면 새누리당에서 40석이 넘어와야 하는데, 처음부터 진영 대결이었으면 비박계가 오겠나. 진영 대결 인상을 주지 않도록 대선 주자인 문재인 전 대표 측에도 물러서 있는 게 좋겠다고 전했고, 당시 문 전 대표 쪽도 납득했다. 보수도 우리 주장에 동조할 절충안으로 접근하는 게 핵심 기조였다."

11월 12일 3차 촛불집회에는 처음으로 100만 인파가 운집했고, 다음 날인 13일 새누리당 김무성 의원이 여당 내에서 처음으로 탄핵을 언급했다. 이 와중에 11월 14일 더불어민주당 추미애 당 대표는 박근혜가 제안한 영수회담 제안을 즉각 수용했다가 당내 반발에 부딪혀 철회하는 사태가 발생한다. 더불어민주당 의원들이 의원총회를 열어 '영수회담 철회' 및 '대통령 2선 퇴진론 폐기'를 내세웠기 때문이다. 대화 국면이 끝났는데 영수회담 제안을 덜컥 수용한 추미애 당 대표에 대한 당내 비판이 거셌고, 이는 헌정 중단의 파국을 알리는 신호탄이었다.

11월 15일 우상호 의원 대표로 특검법이 발의됐고(새누리당 49명, 민주당 121명, 국민의당 38명), 청와대 쪽에서의 하야 불가 입장이 보도되며 국민들의 분노를 가중시켰다. 이 와중에 박근혜는 엉뚱하게도 부산 엘시티 사건 철저 수사를 지시해 스스로 퇴로를 막았다. 마침내 11월 17일 '박근혜-최순실 게이트 특검법'이 국회를 통과했다.

10월 29일부터 11월 2일까지 순식간에 5%대에서 10%대까지 지지율을 끌어올린 이재명의 지지율은 답보 상태였다. 마침 공격 대상이 등장했다. 문재인이었다. 11월 20일 검찰은 박근혜를 피의자로 적시했고, 이날 열린 비상시국 회의에서 문재인은 이렇게 말했다.

> "오늘 검찰 발표를 보더라도 박근혜 대통령은 현직 대통령의 특권 때문에 형사소추를 당하지 않는 것뿐이지 구속될 만한 충분한 사유가 확인됐습니다. 공모라는 사실이 드러났습니다. 그런 만큼 대통령은 이제 스스로 결단해야 합니다. 스스로 결단해서 먼저 퇴진을 선언하고 이후에 질서 있게 퇴진할 수 있는 방안을 국회와 협의하기 바랍니다. 지금이라도 대통령이 그런 결단을 내려준다면 대통령이 명예롭게 퇴진할 수 있도록 협력하겠습니다. 그것뿐만 아니라 퇴진 후에도 대통령의 명예가 지켜질 수 있도록 최대한 노력하겠다는 말씀을 드립니다."

문재인의 발언은 책임감 있는 정치인의 발언이었다. 당시 여론과 크게 어긋나는 발언도 아니었다. 사흘 전인 11월 17일 〈리얼미터〉가 발표한 여론조사 결과에 의하면 "'과도내각 구성 후 즉각 사퇴(질서 있는 퇴진론)'가 43.5%, '탄핵으로 책임 물어야(탄핵론)'가 20.2%, '즉각 사퇴 후 현 황교안 총리 권한대행(즉각 퇴진론)'이 10.2%, '임기 유지, 국회 추천 총리에 내각 통할권 부여(박 대통령 제안)'가 18.6%"로 나타났다. 다수 국민들은 여전히 극단적인 파국을 막는 질서 있는 헌정 수습을 원하고 있었다. 여론은 '자진 사퇴와 탄핵'을 합쳐서 10월 25일 42.3%, 11월 2일 55.3%, 11월 9일 60.4%에서 11월 17일 73.9%가 되었다. 자진 사퇴, 즉 하야가 여전히 탄핵보다 높았다.

비상시국회의에 참석한 이재명은 문재인의 전체 발언 취지를 왜곡해 "명예로운 퇴진"을 문제 삼아 비판했다. "정치권은 지금 즉시 탄핵 절차에 착수하는 게 옳다. 정치인들이 고통을 감수하면서 앞서서 길을 열어야 하는데, 지금은 국민을 따라가는 모양새로, 선후를 바꾸는 게 좋겠다"라고 말했다. 같은 날 페이스북에도 글을 올려 "박근혜 퇴로 보장 안 된다. 퇴진 후 반드시 구속 처벌해야" 한다며 각을 세웠다. 심지어 자신이 올린 글에 달린 문재인 비난 댓글에 일일이 '좋아요'를 누르고 다니는 정성도 선보였다.

## 이재명은 왜 2016년 9월 30일부터 11월 23일까지의 페이스북 글을 지웠을까?

정국은 탄핵을 향해 달렸다. 11월 21일 야 3당이 박근혜 탄핵 추진 당론을 확정하고 광화문 촛불집회에 전면적으로 결합했으며,

남경필 경기도지사와 김용태 의원이 새누리당을 동반 탈당했다. 11월 23일에는 우상호 원내대표가 대통령 탄핵에 새누리당 의원들이 동참해줄 것을 호소했고, 새누리당 비주류와 비박계 중심 전현직 의원들로 구성된 비상시국회의가 탄핵에 협조적인 세력으로 등장했다. 11월 29일에는 '조건 없는 탄핵 동참'을 발표했다.

이렇게 정국이 숨 가쁘게 변화하는 동안 이재명 본인도 자신의 입장이 변화무쌍하게 바뀐 것을 알았던 모양이다. 2016년 9월 30일부터 11월 23일까지 페이스북에 올린 글은 모두 지웠다. 캡처본만 일부 남아 있을 뿐이다. 삭제하기 전 마지막 글은 9월 22일에 올린 백남기 농민 사건과 주빌리은행 홍보 글이다. 그리고 이어지는 글은 11월 24일에 올린 "박근혜 게이트는 재벌이 공범"이라며 '재벌 해체'를 주장하는 글이다.

정치인의 말과 글, 행동은 모두 역사의 기록이다. 역사를 기록하는 이유는 책임 때문이다. 배울 것은 배우고, 반성할 것은 반성하기 위해 기록을 남긴다. 기록을 지우는 행위는 감추고 싶기 때문이다. 감추고 싶은 이유는 부끄럽기 때문이거나 속이기 위해서다. 이재명은 왜 55일간의 페이스북 글을 지웠을까? 이재명 본인이 가장 잘 알 것이다.

변화무쌍한 입장 변화에도 불구하고 현란한 이재명의 언행에 현혹되었는지 이재명의 지지율은 11월 마지막 주에 이르러 15%를 돌파했다. 같은 시기 문재인의 지지율은 20.7%였다. 이제 해 볼 만한 싸움이 됐다.

## 이재명의
## 독무대가 된 광화문

12월 3일 야 3당은 '대통령(박근혜) 탄핵소추안'을 발의했고, 더불어민주당 국회의원들은 탄핵소추 부결 시 의원직 총사퇴라는 배수진을 쳤다. 이날 열린 제6차 촛불집회에는 223만 명의 시민이 참여했다. 일부 시민들은 청와대 앞까지 행진했다. 이런 상황을 이재명이 놓칠 리 없다. 이재명은 청와대를 향하는 대열에 있었다. 그리고 효자동 로터리에서 마이크를 잡았다.

"우리가 간과하고 있는 게 있습니다. 몸통은 새누리당이고, 김무성, 서청원, 유승민, 이정현은 손발이자 심장, 장기들이지만 그 뿌리는 바로 재벌들입니다. 친일자본이었고, 독재 세력으로부터 특혜를 받았고, 국민의 세금으로 살찌웠고, 지금은 이 나라 정치권력을 포함한 모든 권력을 독점했던 그 재벌들이 이 사건의 뿌리라고 생각하는데 동의하십니까? (네!) 이제 박근혜는 구속으로 새누리당은 해산으로 책임을 묻고 삼성과 SK 등 재벌을 해체함으로써 그 책임을 물어야 합니다. 저들은 특권을 이용해서 부정하게 축재했습니다. 노동자를 탄압하고 부당하게 이득을 얻었습니다. 중소기업을 착취하고 기술을 탈취해서 창고에 무려 750조 원의 현금을 쌓아놓고 이 나라 경제를 망친 책임자들입니다."

현장에 있었던 『이재명, 한다면 한다』의 저자 백승대 씨는 "그 어떤 정치인도 감히 재벌을 해체하라고 외친 정치인은 없었다. … 그런데 이재명은 이날 재벌 총수 구속하라고 외쳤다. 이재용 구속하라고 외친 것이다. 그리고 마침내 촛불집회에 모인 민심 그대로 이재용은 구속되었다"라고 쓰고 있다. (이재명은 지금 이 순간에도 자신이 재벌 해체를 주장한 적이 없다고 당당하게 거짓말을 하고 있다.)

12월 8일 대통령 탄핵소추안이 국회 본회의에 보고됐고, 국회를 포위한 촛불집회가 열렸다. 더불어민주당 의원들은 사직서를 작성했고, 탄핵 여론은 80%를 돌파했다. 그다음 날인 12월 9일 대통령 탄핵소추안이 가결됐다. 찬성 234표, 반대 56표, 기권 2표, 무효 7표. 새누리당에서 반란표가 무려 62명이나 나왔다.

## '최초로 혼자 탄핵을 외쳤다'는 허구의 신화를 완성한 이재명-김혜경 부부

박근혜 탄핵이 가결된 이후 더불어민주당 유력 대선 후보로 위상이 바뀐 이재명과 김혜경 부부는 여러 언론 인터뷰에 등장했다. 그리고 본인들 스스로 허구의 신화를 완성했다.

효자동 로터리에서 "친일 자본이었고, 독재 세력으로부터 특혜를 받았고, 국민의 세금으로 살찌웠고, 지금은 이 나라 정치권력을 포함한 모든 권력을 독점했던 그 재벌들"의 "해체"를 외쳤던 이재명은 이틀 후 〈주간조선〉과의 인터뷰에서 이렇게 말했다.

"최순실·박근혜 게이트는 하나의 계기였을 뿐이다. 이번 게이트가 대한민국 정치판을 통째로 흔들면서 국민들이 더 빨리 나를 캐치하게 됐다고 본다. 이번에 나는 정치인 중 제일 먼저 대통령 퇴진과 탄핵을 동시에 주장했다. 이에 대해 당초 정치권은 '뜬다', '오버한다'고 비난했지만, 결국 그렇게 되지 않았나. 나는 정치인들과의 토론이나 대화를 통해서가 아니라 네트워크 속에서 대중의 의사를 빨리 읽는다."

"대통령 퇴진과 탄핵을 동시에 주장했다"는 이재명의 발언은 사실이 맞지만 사람들을 헷갈리게 만드는 교묘한 발언이다. '하야', 즉 퇴진을 가장 먼저 말한 정치인은 이정미다. '탄핵'을 가장 먼저 말한 정치인은 박원순이고 노회찬과 심상정이 다음이다.

따라서 처음으로 '하야와 탄핵'을 동시에 말한 정치인은 이재명이 맞다. 그런데 왜 이재명을 제외한 그 누구도 '하야와 탄핵'을 동시에 말하지 않았을까? 앞서 말했듯이 양립 불가한 주장이기 때문이다. 말이 안 되는 말이기 때문에 누구도 그런 주장을 내놓지 않았다. 그러니 '최초로 하야와 탄핵을 동시에 말한 정치인'이라는 이재명의 발언은 사실이지만, 교묘하게 일반 시민들의 인식을 교란하는 수법일 뿐이다. 이재명 지지자들은 이재명의 변화무쌍한 발언은 모두 내다 버리고 '최초로 탄핵을 주장했다'는 기억만 갖고 있다. 이재명이 하야와 탄핵을 정밀하게 구분하지 않고 마구 뒤섞어서 발언을 한 효과다.

이재명은 '탄핵 불가 → 즉시 하야하고 탄핵절차 돌입 → 탄핵보다는 즉시 하야 → 하야 요구가 아니라 탄핵하고 구속할 때'로 변화무쌍하게 바뀐 자신의 입장을 언급하지 않았다. 언급하지 않음으로써 많은 사람들을 속였다. 심지어 자기 자신도 속이고, 부인 김혜경 씨도 속였으며, 대부분의 이재명 지지자들도 속았고, 대다수 국민들조차 속았다.

서두에 소개했듯이 '이재명이 말하고 서해성이 쓴' 『이재명의 굽은 팔』에서는 '최초로 하야를 주장했다'라고 썼다. 사실인가? 거짓이다. 이재명의 부인 김혜경 씨는 2017년 1월 31일 〈우먼동아일보〉와의 인터뷰에서 이렇게 말한다.

"처음에는 (대통령이) 물러나야 한다는 정도로만 얘기했는데 국정 농단의 일원인 안종범 전 청와대 수석이 '대통령이 시켰다'고 진술한 사실이 알려지면서 대통령이 범죄를 저질렀다는 확신이 들었던 것 같아요. 탄핵 주장도 그때부터 했거든요. 그 일로 당 안팎에서 공격을 받아 걱정을 많이 했어요. 남편 혼자 대통령 탄핵을 주장해서 너무 불안했거든요. 남편

이 촛불 시위에서 처음 탄핵 얘기를 한 날에는 당에서 다른 몇 분이 나오시기로 했다가 취소하기도 했고요."

김혜경의 발언은 사실이 아니다. 그렇다고 의도적으로 거짓말을 한 건 아니다. 김혜경도 절대다수의 이재명 지지자들처럼 이재명에게 속은 것이다. 대부분 '하야'와 '탄핵'을 구분하지 못하거나 하지 않는다. 하긴 탄핵이든 하야든 이재명이 최초는 아니라는 사실에는 변함이 없다. 그럼에도 불구하고 '이재명이 홀로 탄핵을 최초로 주장했다'라는 허구의 신화는 완성됐다.

## 또다시 바뀌는 이재명의 입장

박근혜 탄핵 직후 〈한국갤럽〉이 12월 6일에서 8일까지 조사한 결과에서는 문재인과 반기문 20%, 이재명 18%로 박빙 구도가 만들어질 정도로 이재명은 탄핵 국면에서 톡톡히 재미를 봤다. 더불어민주당 대통령 후보 경선은 결과를 알 수 없는 형국이 됐다.

해가 바뀌어 2017년 더불어민주당이 대통령 후보 경선 모드로 접어든 상황에서 2월 20일을 지나자 박근혜가 탄핵 선고 진에 하야한다는 루머가 떠돌기 시작했다. 그러자 이재명은 또다시 입장을 바꾼다. 2월 24일 〈JTBC〉에 출연해 "탄핵보다는 하루빨리 사퇴하는 것이 옳다"라고 밝힌 것이다. "박근혜 대통령은 헌정질서를 유린하고 국민의 신임을 잃었기 때문에 탄핵보다는 하루빨리 사퇴하는 것이 옳다"며 "그러나 자진 사퇴가 책임을 면하는 거래 수단이 돼서는 안 된다. 대통령이라는 높은 지위를 누렸기 때문에 더욱 강력한 책임을 져야 한다"라고 말했다.

이재명에 앞서 문재인은 자진 하야설에 관해 "정치적 주장"이라고 일축했고, 안희정도 "정치적으로 이미 대화하고 타협할 시간은 지났다"라고 부정적인 입장을 나타냈다. 이재명은 두 사람과 다른 입장을 드러내고 싶었던 것일까? '탄핵 불가'에서 '즉각 하야와 탄핵 추진', 이어 '탄핵보다는 자진 하야', 다시 '하야보다는 탄핵', 그리고 최종적으로 '탄핵 전 즉각 하야'를 오가는 변화무쌍한 변신은 누구도 알아채기 힘들 정도였다.

2017년 3월 10일 헌법재판소는 대통령(박근혜) 탄핵소추안을 만장일치로 인용했다.

이재명은 박근혜 탄핵 국면에서 '길거리의 투사'처럼 광화문 무대를 독차지했다. 더불어민주당 지도부가 집권 대안 세력으로 자리매김하기 위해 책임감을 갖고 많은 시민들의 격렬한 비난도 감수하며 중도층과 보수층, 그리고 새누리당 의원들의 동참을 끌어내기 위한 노력을 이어가는 동안 이재명은 광화문 무대를 혼자 누비고 다녔다. 이를 바탕으로 단 한 달 만에 유력 대선 후보의 위치까지 올랐다. 그 힘은 바로 '정치인 최초로 박근혜 탄핵을 주장했다'라는 허구의 신화가 퍼진 덕분이었다. 그 허구의 신화는 지금도 이재명을 지지하는 강력한 힘으로 작동하고 있다.

 우리는 어떤 정치인을 원하는 것일까? 일이 되든 안 되든 일단 속 시원하게 해주는 정치인인가? 아니면 조금은 더뎌 보이더라도 차근차근 일이 되게끔 하는 정치인인가? 더불어민주당 원내대표로, 박근혜 탄핵을 실질적으로 성사시킨 우상호 당시 원내대표의 말이다.

> "광장은 빠르게 끓고 제도권은 느리다. 하지만 둘은 함께 가야 한다. 제도권이 손을 빼면 투쟁은 결국 무위로 간다. 6월 항쟁 경험이 큰 도움이 됐다. 만약 광장의 정서를 잘 모르는 원내대표였다면, 오히려 그 에너지에 놀라서 같은 속도로, 강경-선명 노선으로 달렸을지 모른다. 그랬으면 그 개인은 영웅이 되겠지만, 새누리당 분열은 일어나지 않았을 수 있다."
>
> —2017년 10월 25일 자 〈시사IN〉

더불어민주당과 문재인이 여론에 한 발짝 늦게 따라가면서 책임감 있게 언행 하면서 실질적으로 탄핵을 성공시키는 동안, 이재명은 무책임한 발언으로 대중을 선동했다. 국민을 둘로 쪼개고, 진영싸움으로 만들었다. 그럼에도 이재명을 제외한 그 어느 정치인도 경거망동하지 않았기 때문에 국민들 절대다수의 탄핵 여론이 만들어지고, 새누리당에서도 탄핵에 가담하는 환경이 조성되었다.

'전투형 노무현'을 운운하는 노무현, 문재인 지지자들이 많다. 단 하나의 사례만 거론해보겠다.

2002년 미군 장갑차에 치여 여중생 효순이와 미선이가 숨졌을 때 광화문에 촛불이 타올랐고 한미군사협정(SOFA) 개정 운동이 벌어졌을 당시 노무현은 서명을 거부했다. 전체 국민의 지도자가 될 정치인으로서 책임감 없는 행위는 하지 않겠다는 이유 때문이었다. 이들이 말하는 '전투형 노무현'은 '노무현에게서 책임감을 제거한 사람'을 말하는지도 모르겠다. 책임감 없는 노무현이었다면, 그의 서거 이후 역대 대통령 가운데 최고의 지지율을 기록하는 일은 없었을 것이다. '전투형 노무현'이라는 표현은 노무현에 대한 모욕이 아닐 수 없다.

## 제2장
## '모라토리엄' 쇼와 나비효과

# 대한민국에
# 이재명 이름 석 자를 알린
# 모라토리엄 선언

 2016년 박근혜 탄핵 촛불집회가 이재명을 유력 대통령 후보로 부상하게 만들어줬다면, 2010년 성남시 모라토리엄, 즉 지불유예 선언은 일개 지방자치단체장 이재명 이름 석 자를 전 국민에게 알린 최초의 사건이다. 이재명은 성남시 모라토리엄도 업적으로 내세운다.

 이재명은 2014년 2월 지방선거를 앞두고 펴낸 『오직 민주주의, 꼬리를 잡아 몸통을 흔든다』(p.72)에서 모라토리엄 선언 이유에 대해 이렇게 설명한다.

> "성남시도 그랬지만, 지금 자꾸만 나랏빚이 늘어나잖아요. 폭탄 돌리기 하듯이 빚을 키우고… 내가 집권하는 동안에는 안 터지게, 다음번에 당선된 누군가에게 또 공을 던져, 그럼 다음번에 더 큰 풍선 폭탄을 안아, 이런 식인 거죠. 성남시도 사실 그랬던 거죠."

 언뜻 듣기에는 맞는 말이다. 원론적인 말은 원래 맞는 말이다. 그러나 구체적인 사실관계와 여러 조건과 환경을 대입하면 원론적인 말도 틀릴 수 있다. 우리는 이를 일컬어 '구체적 타당성'이라고 한다.

일단 지방자치단체 부채를 이렇게나 걱정하던 이재명이 2020년 이후의 코로나 국면에서 국가 부채를 전혀 걱정하지 않아도 된다며 '전 국민 재난지원금'을 지급하자고 주장하던 일은 논외로 한다. '집중적으로 피해를 입은 소상공인 선별지원'이라는 당·정·청의 합의를 무너뜨리고, 경기도에 부채를 떠넘기며 '나 홀로 전체 경기도민 지급'을 밀고 나가던 독불장군식 행태도 논외로 한다. 2년 내내 '전 국민 지급=보편지급'이라며 전선을 만들어 홍남기 부총리를 악마로 만들다가 대통령 선거 운동이 시작되면서 '소상공인 특별지원'을 외치며 돌변하는 언행도 일단 논외로 한다. 자신의 인지도를 높이고, 자신의 브랜드를 알리기 위해 '재난지원금'이라는 공식 명칭을 무시하고, 언어가 가지는 최소한 원칙조차 파괴하며 부득부득 '재난기본소득'이라고 부르던 일도 논외로 한다. 문재인 대통령이 국무회의에서 '재난기본소득'이라는 비공식 명칭을 사용하지 말라는 지시를 내렸다는 사실도 일단 논외로 한다.

(이 내용은 청와대 홍보수석을 지낸 강민석이 펴낸 『승부사 문재인』(p.154)을 참조하기를 바란다.)

여기서는 오직 모라토리엄 선언이 치켜세울 만한 업적인지만을 따져보기로 한다.

# IMF 외환위기를 겪은 대한민국의 트라우마를 정치적 기회로 활용하다

이재명이 모라토리엄을 선언한 것은 2010년 당시에도 많은 논란이 있었다는 점은 주지의 사실이다. 모라토리엄이 정말 필요한 상황이었느냐는 것이다. 이재명의 변명을 좀 더 들어보자. 2017년 2월 대통령 후보 경선 당시 펴낸 『이재명은 합니다』에서 이재명은 이처럼 말한다.

> "성남시의 재정이 대한민국의 IMF 위기 때처럼 급박한 사태는 아니었지만, 비공식적인 빚을 그대로 두면 눈덩이처럼 불어나 결국 시의 재정이 고갈될 것은 불을 보듯 뻔한 일이었다. 고심 끝에 내가 내놓은 방안은 '모라토리엄 선언'이었다. 즉 당장 갚아야 할 빚을 일시 유예하여 연차적으로 결제해나가겠다는 것. 그리고 이를 법적으로 공인받음으로써 당장 눈앞에 닥친 위기부터 모면하고 보자는 고육지책의 전략이었다."
>
> ―『이재명은 합니다』 p.174, 이재명 저

그렇다면, 이재명의 모라토리엄이 2010년 당시 왜 화제가 되었을까? 무엇보다 대한민국이 1997년 외환위기로 IMF(국제통

화기금) 구제금융을 받았던 역사가 있기 때문이다. 대한민국 국고가 텅텅 비어 수많은 기업과 은행이 쓰러지고, 노동자들이 하루아침에 직장을 잃고 길거리에 나앉았던 충격의 역사 때문이다. 이재명의 모라토리엄 선언은 대한민국 국민들의 상처, 트라우마를 자신의 정치적 기회로 이용한 사건이다. 외환위기 트라우마로 인해 대한민국은 국가와 지방자치단체 부채에 굉장히 민감한 나라가 되었다. 30년이 지난 지금도 재정 관료들(이재명 표현으로는 곳간지기)이 외환보유고와 국가부채에 민감한 이유다.

부채가 많다며, 재정건전성 운운하며 모라토리엄을 선언했던 2010년의 이재명이, 같은 논리로 국가부채를 관리하려는 재정 관료들을 공격하는 2020년의 모순적인 상황에 대해서는 일단 논외로 한다.

## 전 세계적인 금융위기로 인한 공포를 활용해 자기 이익을 챙긴 이재명

또 하나의 배경이 있다. 2008년 리먼브라더스 사태로 시작해 2010년 당시에도 여파가 진행 중이던 국제금융위기 때문이었다. 특히 PIGS(포르투갈, 이탈리아, 그리스, 스페인)라 불리던 남유럽 국가들은 물론이고, 국제금융으로 폭발적인 성장을 하던 아일랜드 등은 엄청난 타격을 받았다. 뉴욕에서는 "월가를 점령하라"는 시위가 대규모로 일어났고, 남유럽 위기로 유럽연합(EU)이 깨지는 시나리오까지 나올 정도로 심각한 상황이었다. 독일은 통일 이후 최대의 위기 국면을 맞을 정도였다.

그런 시대적 분위기 속에서 이재명은 전임 이대엽 시장이 건설한 성남시청에 '호화청사'라는 낙인을 찍어 이를 핑계로 모라토리엄을 선언해버렸다. 이대엽은 미래를 생각하지 않고 엄청난 부채를 만든 시장이 되어버렸다.

(정부와 지방자치단체가 새로 짓는 건물은 그들이 사적으로 소유하는 부동산이 아니라 전 국민이 이용하는 공공건물이고, 우리 후세대에 물려주는 공적 자산이자 지금 당장 관공서를 이용하는 많은 시민들의 불편을 줄여주고 쾌적한 공간을 제공해주는 공익성과 편의성이라는 장점에 관한 이야기도 일단 논외로 한다. 이대엽이 아니었어도 성남시는 기존 청사로는 행정 업무를 감당하기도 힘들고, 청사를 이용하는 시민들의 불편은 불 보듯 뻔했을 것이다. 성남시청은 이대엽 재산이 아니라 성남시민의 공공재산이라는 점도 짚어둔다.)

## 송영길은 왜
## 모라토리엄을
## 선언하지 않았을까?

　다른 지방자치단체 사정은 어땠을까? 멀리 찾아볼 필요도 없다. 이재명의 업적을 널리 알리고 '이재명학' 기본서로 통하는 『이재명의 싸움』에 실려 있는 더불어민주당 송영길 대표의 추천사에 그 사정이 있다. 송영길은 "이재명 후보님과 저는 같으면서도 다른 길을 걸은 이력이 있습니다"라며 글을 시작한다.

　무엇이 같은 걸까? 부채다. 송영길이 인천시장에 취임했을 때 인구 270만여 명의 인천시 부채는 10조 원(1인당 약 390만 원)이 넘었다. 모라토리엄을 선언한 이재명의 성남시는 인구 100만 명에 조금 모자란 98만여 명에 부채가 6,765억 원(1인당 약 70만 원)이었다. 참고로 같은 시기 서울시의 경우 인구 1,000만여 명에 부채 28조 원(1인당 280만 원)이었다.

　그렇다면, 송영길은 이재명과 어떻게 다른 길을 걸어갔을까? 모라토리엄 같은 쇼를 하지 않고 꼬박꼬박 빚을 갚아나갔다. 그래도 아무 일도 생기지 않았다. 송영길은 이자만 하루 10억 원씩 1년에 4,000억 원을 갚아나가 임기 4년 동안 1조 6,000억 원의 이자를 갚았다. 원금도 아니고 이자를 말이다.

　송영길은 왜 모라토리엄을 선언하지 않았을까? '행정가의 책임성', '정치인의 책임성' 때문이다. 송영길뿐만 아니라 다른 전국의 243개 지방자치단체 시장, 군수들도 부채를 안고 있었지만, 그 누구도 이재명처럼 모라토리엄을 선언한다는 생각 자체를 하지 않았다. 부채 없는 지방자치단체는 존재하지 않기 때문이다. 더구나 성남시는 경기도 내에서도 재정자립도 1위였다. 그만큼 돈 걱정 없는 지방자치단체였다. 그런 성남시가 모라토리엄을 선언한다면 다른 지자체들이 너도나도 모라토리엄을 선언해도 이상할 게 하나도 없는 상황이었다. 그러나 그 누구도 이재명처럼 행동하지 않았다. 최소한의 책임감을 가진 사람들이었기 때문이다.

부채는 국가 차원이든 지방자치단체 차원이든 감당할 수 있는지 없는지가 핵심이다. 향후 부채를 갚아나갈 능력이 되면 모라토리엄을 선언할 이유는 없다. 전 세계 역사를 뒤져봐도 성남시 정도의 재정 규모에서 이재명처럼 모라토리엄을 선언한 사례는 없다. 과거에도 전 세계적으로 유일한 사례고, 미래에도 유일한 사례로 남을 가능성이 크다. 이건 무얼 의미하는가? 하지 않아도 될 모라토리엄 선언을 했다는 이야기다.

수도권의 노른자위 땅을 깔고 앉아 있고, 참여정부 당시 판교 신도시 개발로 수많은 기업들이 속속 입주하고 있어서 지방세수 증가가 예상되는 성남시가 모라토리엄을 선언할 정도면 대한민국이 그냥 모라토리엄을 선언해도 이상할 게 없다. 지방자치단체 전체가 모라토리엄을 선언해야 마땅하다. 실제로 이재명의 모라토리엄 선언 이후 각 언론에서는 전국의 지방자치단체들이 모라토리엄을 선언할까 봐 걱정하는 기사를 내보냈다.

당시 이재명의 모라토리엄 선언에 소속 정당인 민주당조차 깜짝 놀랐다고 한다. 민주당의 무책임한 행태가 부각될까 봐 걱정해서였다고 한다. 2007년 대통령 선거, 2008년 국회의원 총선거에서 연달아 참패를 당하고 2009년 노무현 대통령 서거로 인해 겨우 분위기를 바꾼 후 치르는 선거가 2010년 지방선거였다. 그러니 걱정을 안 할 수가 없었다. 하지만 이재명의 쇼는 통했다.

## 이재명이 모라토리엄을 선언한 진짜 이유는?

이재명은 시간이 지나 모라토리엄 선언이 쇼였다는 점을 부인하지 않았다. 2015년 5월 29일 〈한겨레신문〉 인터뷰에서 이렇게 말했다.

"모라토리엄 선언이 정치 쇼였단 지적이 있는 건 안다. 하지만 재정 감축과 구조조정을 하려면 시민들에게 성남시의 재정 상황을 충격적인 방식으로라도 알려야 했다. 나더러 쇼했다고 하면 전혀 틀린 말도 아니지만, 그 덕에 시민들이 크게 반발하지 않고 재정 감축에 동의해줬다. 송영길 전 인천시장이 이걸 잘 못 해서 곳곳에서 저항에 부닥쳤던 것으로 안다."

누구의 이익을 위해서 모라토리엄을 선언했는지가 담겨 있는 인터뷰다. 바로 이재명 자신의 이익이다. 모라토리엄을 선언했으니 성남시에 돈이 없다는 사실을 만천하에 공표한 셈이고, 그러니 별다른 저항이나 반발 없이 이런저런 사업 예산을 손쉽게 감축할 수 있었다. 그러면서도 다른 지자체처럼 그냥 평소 하던 대로 하면 되는 거였다. 동시에 이재명 하고 싶은 대로 할 수 있는 토대를 만들었고, 평범한 업무도 엄청난 업적으로 부풀리기 좋은 조건을 만들었다.

그 속마음은 다음 글에 나온다.

"모라토리엄 선언 후 재정적으로 어려운 상황에서도 그늘진 곳에서 어려움을 겪는 시민들에게 희망을 줄 수 있었다. 2010년에는 사회복지 예산이 3,222억 원이었으나 2015년에는 5,579억 원으로 늘어나 5년 만에 2,357억 원을 증가시켰다."
－『이재명은 합니다』 p.177, 2017년 이재명 저

얼마나 대단한가? 모라토리엄을 선언해야 할 정도의 '거지 도시'를 물려받아 빚도 갚고, 복지도 확대했으니 대단한 능력자 아닌가 말이다. 경기도청 미래정책성장관에 재직 중인 임문영 씨가 쓴 『이재명의 싸움』(p.170)에서는 모라토리엄 선언의 정당성

에 대해 이렇게 변명한다.

> "다소 과도한 방식이었다. 일부에서는 '성남시의 재정이 나쁘지 않은데 과장이 심했다'는 비판이 있었다. 새로운 시장이 '배 째라' 식이라는 말도 있었고, 성남이 거지 도시로 알려지게 됐다며 창피하다는 말도 들었다. 일부에서는 주민소환을 하겠다며 집회를 열기도 했다. 그러나 시간이 지나면서 시민들은 지방자치단체도 함부로 돈을 쓰면 망할 수도 있다는 것을 이해하게 됐다."

'함부로 돈을 쓰면 망할 수도 있다는 것을 이해하게 됐다'라는 게 모라토리엄 선언의 정당성이라는 거다. 함부로 돈을 쓰면 망하는 건 국가 차원이나 지방자치단체 차원까지 갈 필요도 없이 인간이 사회화가 되면 그냥 아는 이야기다. 대한민국 국민 중에 '함부로 돈을 쓰면 망할 수도 있다'는 사실을 모르는 사람이 누가 있을까?

더구나 대한민국은 1997년 외환위기로 쑥대밭이 됐던 경험이 있는 나라다. 대한민국 국민이라면 누구나 성남시 모라토리엄 선언 이전에 이미 부채에 민감하다 못해 트라우마로 갖고 있다. 그래서 코로나 국면 이후에도 대한민국 곳간지기를 맡고 있는 홍남기가 부채 규모가 너무 빠르게 커지고 있다며, 재난지원금을 지원하되 재정 규모를 살펴 가면서 규모를 정하자고 주장했다. 그런 홍남기를 수시로 두들겨 패고 적폐로 몰아간 사람이 누군가? 바로 '함부로 돈을 쓰면 망할 수도 있다는 것을 이해하게' 만들려고 모라토리엄 선언을 했던 이재명이다.

빚을 끔찍하게 걱정하던 이재명이 지금 국가부채를 걱정할 필요 없다며, 홍남기를 툭하면 두들겨 패는 행태는 어떻게 이해해야 할까? 2010년 대한민국과 2020년 대한민국은 분명 다르지만, 그때는 엄청나게 부채를 걱정할 상황이었고, 지금은 부채 걱정을 하지 않아도 될 상황인가? 객관적으로 2022년 현재 대한민국 부채는 2010년과는 비교가 안 될 정도로 엄청나게 증가했는데 말이다.

이재명이 모라토리엄을 선언한 속마음을 한 번 더 보자.

> "1년에 1,500억 원씩 갚아도 4년이 걸린다. 임기 4년 내내 욕을 바가지로 먹으며 빚만 갚게 생겼던 것이다. 성남시는 흑자구조인 지자체였지만 세입 전망이 불투명한 데다 국토부에서 판교회계 정산용역을 마무리할 것을 요구해왔다. 흑자 부도라는 말이 있듯이, 흑자라도 당장 돈을 갚지 않으면 부도가 된다."
>
> ―『이재명의 싸움』 p.169, 2021년 임문영 저

송영길처럼 우직하게 빚만 갚다가 끝낼 수 없다는 이야기다. 생색을 내기 힘들다는 이야기다. 생색내기 좋은 조건을 만드는 것,

그게 이재명의 모라토리엄 선언의 본질이다. 송영길처럼, 전국의 수많은 자치단체장들처럼 그냥 빚을 갚아나가면서 새로운 복지를 도입하고 시행하면 그만이다. 전국의 모든 지자체장들이 지금 이 순간에도 그렇게 하고 있다. 대한민국 정부는 물론이고 모든 지자체가 부채를 갖고 있고, 세입 전망은 늘 불투명하다. 그런데 이재명 혼자 이를 이유로 모라토리엄을 선언한 것이다. 이재명은 하지 않아도 될 모라토리엄 쇼를 통해 '전임 이대엽이 만들어놓은 거지 도시를 떠맡아서 빚을 갚아나가면서도 복지정책을 펼치는 능력자 이재명'이라는 허구의 신화를 만들어내는 데 성공했다.

　모라토리엄 선언이 필요하지 않았던 상황은 2010년 7월, 이재명 본인 입으로 이미 밝혀놓은 바 있다. 이재명은 시청에서 기자 간담회를 열고 "돈을 갚을 능력과 의지가 모두 있다"라고 밝혔다. '돈을 갚을 능력이 있다'는 말은 모라토리엄 선언이 불필요하다는 직접적인 증거다. 모라토리엄은 돈을 갚을 능력이 없을 때 하는 비상한 조치이기 때문이다.

## 모라토리엄이 남긴
## 상처와 나비효과

　이재명의 모라토리엄 선언은 형제간 비극도 낳았다. 고인이 된 형 이재선 씨가 성남시청 게시판에 모라토리엄 선언을 비판하고, 이 내용이 언론을 통해 기사화되면서 갈등이 깊어진 것이다. 자세한 내용은 장영하 변호사가 쓴 『굿바이, 이재명』에 소개되어 있으니 이 책에서는 가족사와 관련된 내용은 별도로 다루지 않겠다. 더불어민주당은 이걸 '시정 개입'이라고 말한다. 정말 타락한 자들이다. 그렇다면 시민들이 정부 정책에 대해 비판하고, 제안하는 행위는 국정 개입인가?

이재명은 또한 자신의 전형적인 수법을 선보였다. 즉, 자신을 비판하는 사람이나 기관은 모두 불의한 세력으로, 그리고 악마로 만들어버린다. 모라토리엄 선언 당시 성남시 부채와 관련이 있던 국토부는 가만히 있다가 날벼락을 맞았다. 국토부는 부채를 갚으라고 재촉하지도 않았고 별다른 요구를 하지도 않았다. 그런데 모라토리엄 선언에 대해 비판받자 이재명은 그 책임을 국토부에 떠넘겨버린 것이다. 2010년 이후 2022년 오늘날에 이르기까지 정말 많은 국가기관과 정부, 시민들과 정치인들이 이재명을 비판했다가 불의한 세력, 적폐 세력, 반동 세력, 분열 세력으로 악마화를 당했다.

모라토리엄 선언이라는 나비의 날갯짓이 만든 폭풍이 바로 대장동 사태다. 2010년 7월 이재명은 모라토리엄도 선언했지만 같은 달 대장동 결합 개발을 선언하고 성남도시개발공사를 설립하겠다고 발표했다. 그리고 그해 10월에 문제의 인물 유동규가 성남시설관리공단(2011년에 성남도시개발공사와 통합) 기획본부장에 임명됐다. 사장이 공석이어서 그가 사장직무대행이었다. 그리고 1년이 지난 2011년 취임 1주년을 맞아 이재명은 "대장동 공영개발과 위례신도시 아파트 분양 등으로 개발 이익 1조 원을 확보하겠다"고 밝혔고, 이 계획을 진행하기 위해 2011년 11월에 지방채 발행 계획안을 성남시의회에 안건으로 올렸다.

모라토리엄을 선언해서 전국적으로 거지 도시를 인증한 상황에서 빚을 내서 개발사업을 하겠다는 이재명의 발상에 성남시의회는 단칼에 지방채 발행 계획안을 부결시켜버렸다. 의회의 조치는 너무도 상식적이었다. 모라토리엄 선언을 하지 않았다면, 지방채 발행은 아무 문제가 없었을 것이다. 하지만 모라토리엄을 선언해놓고 빚을 내겠다고 하는데 어느 누가 찬성을 하겠는가?

지방채 발행이 안 되자 공공개발은 무산됐고, 그래서 우회한 방법이 민관합동개발이다. '성남의뜰'이니 '화천대유'니 하는 게 등장한 원류를 거슬러 올라가면, 바로 모라토리엄 선언이 있다.

더구나 이재명은 제1공단을 공원으로 만들겠다는 공약도 발표했다. 이 사업도 돈이 필요한데 역시 지방채 발행이 막혀 있으니 공약을 이행하기 힘든 상황이었다. 그래서 궁리 끝에 나온 방법이 대장동 개발에 민간이 참여하게 해주고, 그 대가로 제1공단 사업에 필요한 돈을 받아내는, 즉 '대장동과 제1공단의 결합 개발'이었다. 이 순간 대장동 사업은 공공개발이라는 외피를 뒤집어쓴 전형적인 부동산개발업자들의 민간개발이 되었다. 2010년의 모라토리엄 선언이라는 나비의 날갯짓이 2021년에 대장동 사태라는 폭풍이 되어 되돌아온 셈이다.

# 김대중의 IMF 외환위기
# 졸업 선언을 베낀
# 모라토리엄 졸업 선언 _____

이재명은 2010년 7월 모라토리엄 선언 후 3년 7개월 만인 2014년 1월 모라토리엄 졸업을 선언한다. 그 시점이 바로 2014년 지방선거가 있는 해였다. 성남시장 재선을 위한 이벤트로는 최고였다. 사실 모라토리엄 선언이라는 이벤트를 하지 않았어도 같은 시기에 부채를 다 털어냈을 사안을 이재명은 김대중 전 대통령이 IMF 졸업을 선언하듯이 따라 한 것이다.

모라토리엄 이벤트는 여기서 끝난 게 아니다. 이재명은 2018년 1월에 또다시 이벤트를 연다. 이 해에도 역시 지방선거가 예정되어 있었다. 경기도청 미래성장정책관 임문영 씨가 쓰고, 송영길이 추천사까지 써준 『이재명의 싸움』(p.170)은 이렇게 기록하고 있다.

> "모라토리엄 선언 후 7년 반이 지난 2018년 1월 29일, 일반회계 채무 190억 원을 상환하면서 성남시는 사실상 '채무 제로'를 선언했다. 엄청난 빚을 지고 있던 성남이 최고 수준의 재정건전성을 확보한 지방정부가 된 것이다."

2010년부터 2018년까지 8년이라는 시간에 걸쳐 한편의 위대한 서사가 완성됐다. 화려한 시청 청사를 짓느라 만든 엄청난 빚을 물려받아 눈물의 모라토리엄까지 선언했던 성남시가 8년 만에 부채가 하나도 없는 도시가 되었다. 이 얼마나 대단한 업적인가? 2016년 박근혜 탄핵 사태 당시 '광화문의 투사이자 영웅'이 되었던 위대한, 그러나 '허구의 서사'가 연상되는 장면이다.

## 성남시는 과연 부채 제로인가? 은수미는 왜 돈 걱정을 했을까? _____

이재명은 20014년 6월 지방선거에 사용된 포스터에서 '빚 갚았습니다'를 맨 앞에 내세웠다. 그리고 '일 잘했습니다!'라며, "빚 갚으면서도 복지 예산 2,000억 원 증가. 〈조선〉, 〈중앙〉, 〈동아〉, 〈매경〉 등 경영대상 수상"을 업적으로 내세웠다.

(이재명과 그 지지자들은 늘 이재명 혼자 힘으로 더불어민주당 대통령 후보가 되었고, 온갖 수구언론으로부터 공격을 받았지만 이를 견뎌냈다는 서사를 만들어내고 유포하고 있지만, 대한민국 거의 모든 언론의 지원사격을 받은 정치인은 이재명 말고는 없다고 해도 과언이 아니다. 국회의원들은 엄두도 내지 못할, 지방자치단체 예산을 활용한 홍보비와 광고비의 힘이라는 사실도 일단 논외로 한다.)

이재명은 2018년 '성남시 부채 제로'를 내세워 업적을 자랑하며 '도덕성은 문제 있지만 일은 잘한다'는 세간의 평가 속에 그해 6월에 경기도지사에 당선되어 성남시를 떠났다. 그리고 그 자리를 은수미가 이어받았다. 그것도 엄청난 빚을 물려받아 모라토리엄을 선언해야 했던 이재명과는 달리, 이재명 말대로라면 빚 없는 '부채 제로' 성남시를 물려받았다. 이재명에 따르면, 그래야 하고, 그래야 맞는다.

그러나 은수미는 성남시장이 되자마자 돈 걱정을 했다. 이재명이 시한폭탄을 떠넘기고 갔기 때문이다. '공원일몰제' 종료에 따른 공원부지 매입 비용이 한 푼도 적립되지 않았던 것이다. 완전히 새로 만들어야 했다. 2018년 10월 19일 은수미는 이 같은 성남시 사정을 SNS에 올렸다. 당장 2019년부터 조정교부금 900억 원이 깎이는 데다 2020년에 종료되는 공원일몰제에 따른 공원부지 매입 비용이 자그마치 3,358억 원이라는 내용이었다.

여기서 공원일몰제에 대해 간단하게 살펴보자. 1999년 10월 헌법재판소는 '지방자치단체가 개인 소유의 땅에 도시계획시설을 짓기로 하고 장기간 이를 집행하지 않으면 개인의 재산권을 침해하는 것'이라며 관련 법률 조항에 대해 헌법불합치 결정을 내렸다. 쉽게 말해서 사유지에다가 학교, 공원, 도로, 녹지 같은 공공시설을 짓기로 하고 이를 집행하지 않으면 사유재산을 침해한 것이니 보상하든 매입하든 해결하라는 것이다. 그러지 않으면 기존에 있던 시설은 철거하고 소유주한테 되돌려줘야 한다는 이야기다.

　전국의 시도 자치단체에는 불똥이 떨어졌다. 대신 넉넉한 시간을 줬다. 20년이다. 2000년 7월에 관련 법이 적용되어 20년이 되는 2020년 6월 말까지 해결해야 했다. 일종의 목돈을 만들 시간이었고, 매년 차곡차곡 부지를 사들이거나 기금을 적립한다면 큰돈이 아닐 수 있었다. 성남시의 경우 그 돈이 3,358억 원이었다.

　문제는 은수미가 성남시장에 당선되어 와보니 적립된 돈이 없었다. 사들인 부지도 없었다. 이재명의 전임 이대엽도 별로 신경 쓰지 않았지만, 적립하는 시늉은 했다. 하지만 이재명은 아예 신경도 안 썼다. 한 푼도 적립하지 않은 것이다. 은수미한테는 그야말로 터지기 직전의 폭탄이 자기 순서에 돌아온 셈이다. 2018년 6월에 취임했는데 남은 시간은 고작 2년. 이재명은 부채 제로를 자랑하며 일 잘한다고 생색내고 경기도지사로 갔는데, 은수미 앞에 놓인 것은 조정교부금 900억 원이 줄어드는 데다 3,358억 원을 준비해야 하는 암담한 현실이었다. 무려 4,300억 원가량이 펑크가 난 것이다.

　공원일몰제에 대해 다른 지방자치단체는 어떻게 대비했을까? 가장 모범적인 지자체는 서울특별시와 인천광역시였다. 두 지자체는 2000년부터 2020년까지 여야가 번갈아 지자체장을 맡았지만, 일몰제가 적용되는 공원부지 100%를 매입했다. 이어 제주도가 98% 넘게 매입했고, 부산, 광주, 강원 등이 90% 이상을 해결했다. 시민들의 휴식을 위한 녹지공원을 지켜내기 위해 서울시는 2002년부터 매년 1,000억 원이 넘는 재정투입과 지방채 발행을 통해 꾸준히 매입해왔다. 여야가 뒤바뀌기도 했지만, 누구도 이 기조를 흔들지 않았고, 2020년까지 투입된 예산은 총 3조 2,406억 원이었다.

이재명의 전임 시장 이대엽은 이재명에 의해 성남시를 '거지 도시'로 만든 장본인이니 공원일몰제에 대비하기를 기대하지 않는 게 사리에 맞을 것이다. 그러면 이재명은 이대엽과 얼마나 달랐을까? 2010년부터 2018년까지 8년간 공원일몰제에 대비해서 한 푼도 모아놓지 않았다. 그러면서 대장동 개발로 얻은 이익, 그것도 서민용 임대아파트 지을 땅을 팔아서 생긴 1,800억 원을 공원일몰제에 따른 공원 부지 매입 비용 등으로 쓴 게 아니라 성남시민들에게 1인당 20만 원씩 뿌릴 계획을 세웠다가 그 돈이 미처 입금되지 않아 쓰지 못하고 성남시를 떠나 경기도지사로 갔다.

후임자인 은수미는 1,800억 원을 어떻게 썼을까? 2019년 3월에 성남의뜰로부터 임대주택용 부지를 판 돈 1,800억 원이 입금되자 그중 1,000억 원은 2020년 4월에 '성남형 재난연대자금'이라는 명목으로 성남시민 1인당 10만 원씩 나눠줬다. 경기도에서 지급한 10만 원에 추가로 10만 원을 더 얹어서 총 20만 원씩을 지급한 것이다. 그리고 공원 부지를 사들이기 위해 필요한 비용 3,358억 원은 2022년까지 매년 지방채를 발행해, 즉 빚을 내서 사들이기로 했다. 원래 2020년까지 해결해야 할 일을 뒤로 미룬 셈이다. 거기에다 돈이 없다며 국비 지원도 요청했다.

성남시가 발행한 지방채는 누가 갚는가? 성남시민들이다. 그러다가 차일피일 미루고 끝내 국가에 그 책임을 떠넘길 가능성이 크다. 이재명과 은수미의 행정 행태에 대한 판단은 독자들 각자가 해도 충분할 것 같다. 이 글 서두에 소개한 이재명의 글을 다시 소개하며 이 내용은 여기서 마무리하고자 한다.

"성남시도 그랬지만, 지금 자꾸만 나랏빚이 늘어나잖아요. 폭탄 돌리기 하듯이 빚을 키우고… 내가 집권하는 동안에는 안 터지게, 다음번에 당선된 누군가에게 또 공을 던져, 그럼 다음번에 더 큰 풍선 폭탄을 안아, 이런 식인 거죠. 성남시도 사실 그랬던 거죠."

―『오직 민주주의, 꼬리를 잡아 몸통을 흔든다』
p.72, 2014년 이재명 저

# 제3장
# '성남의료원' 완공이 늦어진 이유

2016년 박근혜 탄핵을 위한 촛불집회는 이재명을 대한민국을 이끌어 갈 지도자 반열에 올려놓았고, 2010년의 모라토리엄 선언은 성남시장 재선과 경기도지사로 발돋움하는 도약대가 되었다. 그런 이재명이 성남시에 이름을 알린 사건은 2002년부터 시작된 성남시립의료원 건립 추진이다.

2021년 10월 26일, 이재명 더불어민주당 대통령 후보는 성남시의료원을 방문한다. 이날 이재명은 "2004년에 넋 놓고 울던 곳"이라며 자신의 정치 인생을 회고했다. 이재명 스스로 자신이 정치를 하기로 결심하게 된 날이 바로 성남의료원 건립을 위한 조례안이 부결됐을 때라고 소개하고 있기 때문에 각별한 의미를 부여할 수 있을 것이다.

## 이재명의 전과가 만들어진 성남의료원 건립안 부결

이재명은 2002년 '성남시립병원설립추진위원회' 공동대표를 맡았다. 그리고 2003년 겨울부터 병원 건립을 위한 서명 운동을 시작해 2004년 3월 25일 국내 최초로 주민발의 조례안을 시의회에 상정했다. 하지만 이 안건은 폐기됐다. 의회 안에서 참관 중이던 민주노동당 소속 당원들이 공무원들과 몸싸움을 벌였고,

일부 시민은 집기를 집어던지기도 했다. 이재명은 시민운동 대표로 특수공무집행방해, 재물손괴, 치상 등의 이유로 수배됐다.

이재명은 2010년 성남시장에 출마하면서 출간한 책 『고난을 통해 희망을 만들다』에서 이렇게 자신을 소개했다.

> "시립병원설립조례를 단 47초 만에 날치기하는 것을 보고 격렬히 항의하다 시의회 본회의장에서 통곡했습니다. 이 사건으로 경찰에 수배되고, 주민교회 지하실에서 도피 생활을 하면서 감시자 역할의 한계를 절감하고 15년간 해왔던 인권변호사, 시민운동가의 길을 접었습니다. 결국 현실정치 참여를 결심했습니다."
>
> ―『고난을 통해 희망을 만들다』 p.6, 이재명 저

당시 상황에 대해서는 구속된 2명의 민주노동당원을 변호했던 이민석 변호사가 자세히 소개하고 있다. 이 변호사에 따르면, 안건이 폐기되자 시민들이 소리를 지르고 몸싸움을 하다가 36명이 연행되었는데 민주노동당원 임모 씨를 제외하고는 전원 석방되었고, 임모 씨에 대해서만 구속영장이 청구됐지만, 법원에 의해 기각됐다고 한다.

수사기관에서는 대표로 이름을 올린 이재명을 소환했는데 이재명은 응하지 않고 도피했다. 이 변호사에 따르면, 당시 현장은 CCTV에 담겨있었는데 이재명은 항의만 했을 뿐 몸싸움에 가담

하거나 폭력을 행사하지는 않아서 구속될 우려는 없었다고 한다.

2004년 6월 18일 검찰이 구속영장이 기각됐던 임모 씨에 대해 영장을 재청구했고, 같은 민주노동당원 백모 씨에 대해서도 구속영장을 청구했다. 그날 두 명 모두 구속됐고 7월 1일 기소됐다. 이재명은 이때까지 도피 생활 중이었다. 이후 성남시의회와 성남시립병원추진위가 합의했고 구속됐던 두 명도 석방됐다. 이재명은 그 후 나타나 벌금 500만 원의 약식명령을 받았다.

(약식명령을 받게 된 과정에서 사법연수원을 다닐 당시 안동지청에서 검사시보를 하면서 알게 된 모 지청장이 성남지청에 전화를 걸어 선처를 요청하고, 이 요청이 받아들여져 약식명령을 받게 됐다는 사실은 이재명 스스로 밝히고 있는 바다. 그런데 이런 행태가 바로 '전관예우'다. 이재명은 '전관예우'를 없애겠다고 수차례 공언했다. 혜경궁김씨 사건은 물론이고 본인의 선거법 위반 사건에 있어 무료 변론 의혹과는 별개로 전직 헌법재판관, 대법관 등 쟁쟁한 경력을 가진 전관 변호사들을 변호인으로 내세웠다는 사실은 논외로 한다.)

## 성남의료원 건립에
## 7년이나 걸린 사연

앞서 모라토리엄 선언에 대한 이야기를 소개했듯이, 모라토리엄 선언의 나비효과로 지방채 발행이 힘들어지고, 그로 인해 대장동 개발이 공공개발에서 민관합작 개발로, 그리고 제1공단 공원화 공약을 이행하기 위해 '대장동-제1공단 결합 개발'을 시도하게 됐는데 성남의료원 건립도 비슷한 맥락이다.

병원을 건립하기 위해서는 돈이 필요하다. 이 돈은 어떻게 마련할까? 모라토리엄 선언은 자금 조달에 많은 문제를 일으켰다. 더구나 성남의료원 사건은 이재명 스스로 정치를 해야겠다고 마음먹게 된 사건이니만큼 무슨 수를 쓰더라도 건립해야 한다.

우여곡절 끝에 2013년 11월 14일 의료원 기공식을 개최했다. 드디어 병원 건립이 시작된 것이다. 2017년에 개원할 예정이었다. 그런데 이 병원은 도중에 시공을 맡았던 두 개의 건설사가 부도가 나면서 2020년 3월에야 완공됐다.

왜 이렇게 되었을까? 이재명 나름대로는 비용을 절감한다고 그야말로 '단가 후려치기'를 했다. 이재명은 건설사를 흔히 말하는 '토건족'으로 인식한다. 불로소득 챙기는 악당들이다. 그러니 그런 악당들한테 불로소득을 주어서는 안 된다. 보는 시각에 따라서는 세금을 절약한다고 볼 수도 있다. 하지만 기업들이 내세우는 논리도 마찬가지다. 적정 이윤을 보장하지 않고 하청에 재하청을 주면서 두 명이 할 일을 혼자서 하게 만들고, 노동자들 인건비 떼먹는 일도 발생하는 근본 원인이 바로 저가 수주, 이른바 단가 후려치기다. 이른바 '외주의 위험화'도 단가 후려치기에서 비롯된다는 건 이제 상식으로 통한다.

'김용균법'으로 통하는 '중대재해처벌법'도 거슬러 올라가면 단가 후려치기와 연결되어 있다.

지난 2022년 1월, 13만 7천 원 단가로 전기공사를 하던 노동자가 10미터 상공에서 2만 볼트 전기에 감전된 후 사망했다. 30분 동안 공중에 매달려 있었다고 한다. 협력 업체는 물론이고 원청회사인 한국전력 관계자도 처벌을 받을 것이다. 문제는 처벌이 아니다. 이런 사고가 생긴 근본적인 구조다. 바로 '단가 후려치기'다. 한전이나 그 주주들 입장에서는 단가 후려치기가 비용 절감이니 당연히 좋은 일이다. 이윤 극대화 논리다. 문제는 이윤 극대화로 인해 발생하는 피해다. 감전사 같은 경우도 원래 두 명이 할 일을 혼자서 하다가 사고가 발생했다. 중대재해처벌법 개정의 원인이 된 김용균 씨도 혼자 일하다가 사고사를 당했다. 단가 후려치기의 결과이다.

적정 이윤을 보장해주지 않고, 자신의 이익을 극대화하려는 이기주의가 산업현장 재해를 끊임없이 발생시키고 있는 것이다. 한전만의 문제가 아니다.

다시 돌아와서, 이재명 이야기다. '토건족들의 불로소득을 회수하겠다'라고 말한 이재명 입장에서는 건설사들이 가져가는 이익을 최소화해야 한다. 건설사들의 이윤 최소화는 성남시의 이윤 극대화다. 아니 이재명의 이익 극대화다. '시민들의 세금을 아껴 쓴 능력 있는 시장 이재명'이라는 이미지 획득이 바로 이윤이고, 이재명이 얻는 이윤은 바로 그 단가 후려치기에서 나온다. 그 결과 성남의료원 시공은 네 차례나 중단됐는데, 이 중 두 번은 시공 건설사들이 법정관리에 들어갔기 때문이다. 즉, 재무상태가 좋지 않아 저가낙찰이라도 해야 하는 건설사들이 맡았다가 중단됐다는 이야기다.

공사가 네 차례 중단되고 병원 완공에 7년이라는 시간이 걸렸다. 눈에 보이지 않는 비용을 계산하면, 이재명식 단가 후려치기는 과연 좋은 행정일까?

이렇게 세금을 아끼는 이재명이 대장동 개발사업에서는 화천대유가 화끈하게 해먹을 수 있게 구조를 설계했다는 것은 아주 큰 모순이 아닐 수 없다. 대장동 개발사업 진행 과정에서 보여준 이재명의 모습은 바로 이재명이 악당으로 묘사하던 '불로소득 노리는 토건족', 바로 그 모습이었다. 이재명 스스로 '단군 이래 최대의 치적'이라고 자랑하는 그 본질 속에는 '이윤 극대화'가 담겨 있다. 서민용 임대아파트 부지를 거리낌 없이 매각하고, 그 매각대금으로 성남시민들한테 1인당 20만 원을 뿌리겠다는 발상에서 '서민'은 사라지고 '이윤 극대화와 돈 잔치'만 남아 있다. 화천대유 같은 부동산개발업자들도 대박이었지만, 이재명도 신나게 자신의 성과를 자랑하고 다녔으니 대박이었다. 그러니 결코 모순이 아니다.

성남의료원 공사에서 단가를 후려친 것이나 대장동에서 화끈하게 퍼준 것은 '이재명 이익의 극대화'라는 관점에서는 동일한 결과물을 만들었다. 대장동 개발사업에서 이재명의 이익은 성남시민들한테 '확정된 수익', 즉 구체적인 금액을 제시해서 업적을 자랑하는 것이었고, 화천대유가 나머지 이익을 얼마나 가져가는

지는 이재명의 관심사가 아니었다. 더구나 모라토리엄으로 지방채 발행이 힘들어진 상황에서 제1공단 부지 공원화 사업에 필요한 자금을 대장동에서 가져왔으니 이재명 입장에서는 이미 이익을 챙길 만큼 챙겼던 셈이다.

그러고 보면, 서울 강남구 삼성동의 옛 한국전력 부지를 현대자동차그룹이 사들이는 과정에서 서울시는 매각 대금의 10%에 해당하는 1조 7,000억 원을 공공기여금 형식으로, 전액 현금으로 받아냈다. 이 돈은 비록 강남구의 땅에서 나왔지만 강북지역 개발에 사용된다. 그리고 새삼스럽지도 않지만, 대한민국의 모든 민간개발도 건설사가 이익을 전부 가져가지 않는다. 기부채납을 통해 각종 학교, 도로, 터널, 다리를 건설해 국가와 지자체에 기부해왔다. 다른 지자체장 같았으면 기부채납으로 받을 수 있는 터널을 치적으로 내세우는 게 얼마나 우스운가? 서민용 임대아파트 팔아치워서 생긴 돈을 치적으로 자랑하며 시민들에게 나눠주겠다는 모습에서 서민들의 주거난을 걱정하며 공익을 추구하는 지도자의 모습이 한 톨만큼이라도 보이는가? 대장동 개발사업에서 이재명은 수익 극대화를 노리는 부동산 개발업자 그 이상 그 이하도 아니었다.

## 내 이익 챙겼으니
## 나중에 생기는 문제는
## 내 알 바 아니다

성남의료원 건립과 관련해 곁다리로 하나 더 이야기하자면, 2021년 10월 이재명이 성남의료원을 방문했을 당시 해결되지 않은 문제점이 노출됐다. 당시 언론 보도를 보면, 이재명과 함께 성남의료원 설립추진위원회 공동대표를 맡았던 김경자 전 민주노총 수석부위원장의 안타까움과 허탈감이 담겨 있다.

"이 병원을 세우기 위해 노력했지만 여기서 일을 할 수 없는 인하병원 노조 조합원들이 밖에서 눈물을 흘리고 있다. 이 의료원을 위해 최선을 다했던 사람들이 대접받는 세상이 됐으면 좋겠다."

성남의료원 건립을 추진하게 된 배경이 바로 인하병원 폐업이다. 그리고 이 병원에서 해고된 노동자들이 공공의료원 설립에 앞장서고, 이재명이 성남시장에 당선되는 데 힘을 썼던 사람들이다. 이재명은 "나름 열심히 해온다고 했는데 모자랐던 듯하다. 미안하고, 마음의 빚으로 남아 있다. 다만 성남시장에서 퇴임한 이후에 개원이 이뤄지고 해서 방법이 마땅치 않았다. 더 열심히 챙기겠다는 말씀을 드린다"라고 답했다. 구체적인 대책이 없는 공허한 답변이 아닐 수 없다.

참고로, 2021년 12월 기사를 보면 성남의료원은 정원에 비해 의사는 20%, 간호사는 25%가 모자란다고 한다. 이직률도 높다고 한다.

# 경기도 도립 용인정신병원은
# 만성적자를 이유로 폐업

　이재명이 성남의료원 건립을 추진할 때 홍준표는 경남도지사로 있으면서 '적자'를 이유로 진주의료원을 폐원해 두 사람을 비교하는 기사가 쏟아져 나오기도 했다. 한발 더 나아가 이재명은 홍준표를 신랄하게 비판하기도 했고, 자신이 대통령이 되면 진주의료원을 다시 개원하겠다고 했다.

　그런데 2019년 4월 경기도가 설립한 도립 용인정신병원이 폐원한다는 기사가 떴다. 폐원 이유는 다름 아닌 '만성적자'였다. 1982년에 개원해 36년째 외부 기관에 위탁해 운영했는데 더 이상 위탁 운영을 희망하는 기관도 없고 해마다 적자여서 폐원한다는 것이다. 진주의료원 폐원과 용인정신병원 폐원 사이에는 어떤 차이가 있는 것일까? 진주의료원 폐원을 비난했던 이재명은 왜 홍준표와 같은 이유를 들어 용인정신병원을 폐원했을까? 설마 자기는 모르는 일이라고 할 것인가?

　용인정신병원에 근무하는 직원들은 폐원 결정이 나오자 곧장 '폐업 무효' 촉구와 함께 전면 투쟁을 선언했다. 언론 보도에 따르면, 보건노조는 "도는 일방적이고 전격적으로 도내 유일한 공공정신의료기관인 용인정신병원 폐업을 결정했다"라며, "특히 당사자인 노동자에게는 살인이나 다름없는 폐업을 함에 있어 어떤 설명이나 과정도 없이 밀실에서 일방적으로 진행했다"라고 주장했다. 또 "적자 핑계는 경남 진주의료원 폐업의 아픔을 가지고 있는 국민들에게 천인공노할 소리"라며 "만약 적자를 이유로 폐원한다면 진주의료원 이후 첫 사례가 될 것이고, 이는 이재명 지사의 씻을 수 없는 오명으로 남을 것"이라고 지적했다고 한다.

의료의 공공성을 내세우며 홍준표의 진주의료원 폐원을 비난하고, 동시에 성남의료원 건립을 자신의 업적으로 내세우던 이재명에게 용인정신병원은 어떤 존재일까? 이 사안도 '이재명의 이익'이라는 관점으로 들여다보면 실마리가 나온다.

성남의료원은 진주의료원 폐업과 맞물려 하나의 상징적인 전선으로 작동했다. 절대적으로 이재명에게 유리한 싸움이었고, 실제로 많은 이익을 안겨주었다. 더구나 성남의료원의 잠정적 이해당사자는 100만에 가까운 성남시민이다. 반면 용인정신병원은 이해당사자가 많지 않다. 이해당사자가 많지 않으니 폐원을 해도 비판할 사람이 별로 없어서 위험 부담이 크지 않다. 더구나 많은 사람들이 일반병원은 언제든지 가는 곳이라고 생각하지만, 정신병원은 자신과 무관하다고 생각하기 때문에 폐원을 하든 말든 별 관심이 없다. 이재명 입장에서는 잠깐 '소수의 이해당사자'로부터 비판을 받겠지만 큰 타격은 입지 않는다.

의료의 공공성을 내세워 성남의료원 건립 투쟁을 하며 성남시장에 당선된 이재명에게 도립용인정신병원 폐원은 의료의 공공성과는 무관한 사안이었다.

제4장

# 허구로 만든 '이재명표 무상복지'

이재명에게 가장 유명한 브랜드는 무엇일까? 특히 나름대로 개혁적이고 진보적이라고 자평하는 더불어민주당 지지층에게는 '이재명표 무상복지'라는 타이틀이 가장 유명하다. 소위 '이재명표 무상복지'는 언론 기사의 제목으로도 엄청난 양이 검색된다. 기사는 대부분 성남시청 기자실 출입기자들과 경기도청 출입기자들이 작성했다.

'이재명표 무상복지'에는 무상공공산후조리원, 무상교복, 청년배당이 대표적이다. 2021년 김윤태 고려대 사회학과 교수 등 전문가 16인이 공저로 펴낸 『이재명론』에서는 이렇게 헌사를 바치고 있다.

> "그는 성남시장 재임 당시 무상교복, 산후조리비 지원, 청년배당 등 이른바 3대 무상복지 정책을 추진했다. 박근혜 정부는 이 정책을 포퓰리즘이라고 비난하면서 정책을 추진하면 지방정부에 주는 교부금을 안 주겠다며 압박했다. 하지만 그는 굴하지 않고 정책을 밀어붙여서 성공했다. 이후 3대 무상복지 정책은 그의 트레이드마크가 됐다."
> 
> ─『이재명론』 p.147~148, 김윤태 등 저

일단 '무상공공산후조리원', 혹은 '공공산후조리원'이라 표현하지 않고 '산후조리비 지원'이라고 표현한 부분을 유의해서 보기를 권한다. 뒤에 서술하겠지만, 많은 착각, 혹은 오해, 거짓

말이 뒤범벅된 사례로 등장하기 때문이다. '탄핵', '하야', '하야와 탄핵'이 뒤섞이면서 이 모든 표현을 '탄핵' 하나로 통일한 허구의 신화가 만들어지는 과정과 비슷한 일이 벌어진다. '정치인 중 최초로 이재명이 박근혜 탄핵을 주장했다'는 서사가 사실처럼 회자되는 현상처럼 말이다. 또한 김 교수는 '정책을 밀어붙여서 성공했다'고 표현했다. 과연 성공한 게 맞는지도 살펴볼 것이다. 이 말은 김 교수의 서술 내용이 일부는 맞고 일부는 틀렸다는 걸 말한다.

소위 '이재명표 무상복지 시리즈'라고 표현하든 '이재명표 3대 무상복지'라고 표현하든 정말 많은 사람들이 이재명의 브랜드로 인정하고 있다. 지난 10년간 언론들이 기사를 그렇게 써왔기 때문이다. 이번 글에서는 그런 표현이 과연 사실인지 여부를 하나하나 따져볼 것이다. 넘어가기 전에 이재명의 복지정책에 대한 찬사를 더 소개한다.

먼저, 이재명 스스로 '3대 무상복지'라는 표현을 사용한다.

> "성남시 3대 무상복지의 요체는 복지 혜택을 받은 당사자들에게 현금이 아니라 지역화폐를 지급하여 지역경제의 활성화, 특히 골목상권과 재래시장 살리기에 큰 도움이 되도록 하는 것이었다."
>
> —『이재명은 합니다』 p.221, 이재명 저

그런데 경기도청 미래성장정책관 임문영 씨는 『이재명의 싸움』 (p.251)에서 "무상교복은 공공산후조리원, 무상급식과 더불어 이재명표 공공복지의 상징"이라고 서술하고 있다. 여기서는 '산후조리비 지원'이 아닌 '공공산후조리원'이 등장한다. 또한 3대 정책에서 '청년배당'이 빠지고 '무상급식'이 들어왔다. 임 씨는 이어 "성남시장 시절부터 이재명은 경기도 교육청과 함께 50%씩을 지원해 유치원, 초등학교, 중학교에 무상급식을 실시했고, 경기도지사가 된 뒤에는 2019년부터 경기도 교육청과 함께 경기도 내 고교까지 무상급식을 확대했다"라고 썼다.

이재명과 관련된 모든 사안은 이런 식이다. 이것저것 뒤죽박죽 뒤섞여 있어서 이재명 가까이 있는 사람들도 정확한 개념이 파악이 안 되고, 말이 모두 다르다. 임 씨는 이재명표 3대 복지 정책에 무상급식을 집어넣고 있다. 이런 글이 유통되면 이재명 입장에서는 나쁘지 않다. 이재명표 3대 복지를 '무상교복, 공공산후조리원, 청년배당'으로 말하든, '무상교복, 공공산후조리원, 무상급식'이라고 말하든 이재명표 브랜드는 자연스럽게 4개가 되기 때문이다. 이재명 본인이 흘린 말이 아니라 다른 사람들이 착각으로 잘못된 내용을 퍼트려주면 이재명 입장에서야 굳이 바로잡을 필요도 없다. 그냥 놔두면 이익이기 때문이다.

일단 공식적인 이재명표 3대 무상복지를 살펴보기 전에 임문영 씨가 언급한 무상급식은 여기서 정리하고 가자.

### – 최초의 무상급식은 2006년 강석진 전 거창군수가 추진

무상급식은 이재명표 복지정책에서 제외해야 한다. 무상급식은 2011년 오세훈의 중도 사퇴와 박원순의 당선으로 종지부를 찍은 사안이다. 이재명이 함부로 '최초'를 운운하며 끼어들 틈이 없었다. 그래서 이재명도 무상급식은 제외하고 나머지 무상 시리즈를 발굴한 것이다. 그리고 무상급식을 최초로 시행한 지방자치단체는 2006년 경남 거창군이다. 당시 군수는 한나라당 소속 강석진(20대 국회의원)이었고, 후임 군수인 김태호(21대 국회의원)가 이어받아서 계속 추진했다. 김태호는 2018년 경남도지사 선거에 나섰을 때 초·중·고 무상급식을 공약으로 내세우기도 했다.

### – 유치원, 초·중·고 전체 무상급식은 2010년 강원도 정선군이 최초

참고로, 유치원부터 초·중·고교까지 무상급식을 실시한 지방자치단체는 광역과 기초 통틀어 강원도 정선군이 최초다. 2010년에 무상급식을 시작한 강원도 정선군은 2012년부터는 무상급식 품목에 우유도 추가했다. 광역단체로는 인천광역시가 2018년부터 최초로 어린이집부터 고등학교까지 전면 무상급식을 실시했다.

## 무상교복은 2010년부터 진보진영 교육감들의 공통 공약

이재명은 2016년 1월 4일 신년기자회견에서 "3대 무상복지는 금년부터 전면 시행한다"고 발표했다. 2019년까지 절반을 시행하고 2020년부터 100% 시행하겠다는 계획도 덧붙였다. 여기서 3대 무상복지는 무상교복, 무상공공산후조리원, 청년배당이다. 이제 3무 정책을 하나씩 살펴보자.

무상교복에 대한 이재명 지지자의 글부터 소개한다. 백승대 씨가 쓴 『이재명, 한다면 한다』(p.58)에서는 "이재명이 처음 쏘아 올린 무상교복은 이제 곧 의무교육 일부분으로 전국적으로 시행하게 될 날이 머지않았다. 이재명이 시작하면 전국에서 하게 된다. 이것은 차차 과학이 되어가고 있다"라고 적었다.

말인즉슨, 무상교복의 시조가 이재명이라는 이야기다. 그리고 이재명이 시작한 무상교복이 이제 전국적으로 시행되고 있다는 말이다. '이재명이 시작하면 대한민국 표준이 된다'라는 슬로건은 이재명이 직접 쓰는 구호다. 대체 어떤 정책을 이재명이 최초로 시작해서 대한민국으로 확산됐는지는 이재명 본인도 직접 언급하지 않는다. 허위 사실 유포 때문이다. 그저 언론에 무수히 보도되었던 3대 무상복지 등이 그 대상으로 인식되고 있을 뿐이다. 어떻든 백 씨의 표현대로라면, 이재명은 정말 대한민국을 변화시킨 불세출의 영웅이다.

　무상교복을 시행하겠다는 언론 보도는 2011년부터 줄기차게 나온다. 당장 하는 것도 아니고, 앞으로 하겠다는 계획만 해도 보도 양이 엄청나다. 우선 무상교복은 2010년 전국 교육감 선거에서 핵심 이슈였다. 소위 진보진영 후보들은 무상급식뿐만 아니라 무상교복도 공약으로 내놓았다. 또한 민주노동당은 사실상 당 차원의 공식 공약으로 무상급식과 무상교복을 제안했다. 뒤에서 살펴볼 산후조리비 지원도 이때 야권에서 공약으로 나왔다. 이재명이 시초가 아니라는 이야기다.

　그런데 왜 이재명표 브랜드가 되었을까? 언론 덕분이다. 전국 243개 지방자치단체장들을 다 합쳐도 이재명 한 명의 보도 양이나 될까 모르겠다. 수도권을 벗어난 지역의 자치단체장은 지역 언론에서나 기사를 써주지 중앙 언론에서는 거의 취급하지 않는다. 하지만 중앙 언론사들에게 수도권 지방자치단체는 중요한 고객이자 거래처이기도 하다.

　이재명 스스로 '변방 장수'(그래서 변방 사또라는 별칭이 생겼다) 운운하면서 자기 비하를 하지만, 성남시는 수도권 바깥의 지방자치단체와는 달리 서울 권역이다.

# 전국 첫 무상교복 지원은
# 경기도 화성의
# 사립학교 서신중학교

 다시 본론으로 돌아와서, 그렇다면 무상교복을 최초로 시행한 곳은 어디일까? 서울, 경기, 강원, 충남, 울산 등 전국의 진보적 교육감들이 추진하려는 무상교복이 선거법 위반 논란에 휩싸여 관련 조례 제정이 무산되는 등 제대로 시행하지 못했다. 그런 상황에서 2011년 1월 경기도 화성의 사립중학교인 서신중학교가 신입생 전원에게 무상으로 교복을 지원했다. 전국 첫 사례였다. 전국적으로 새정치민주연합 소속 지자체장들이 앞다퉈 무상교복을 추진하기 시작했다. 이재명도 이런 흐름에 올라타 무상교복 전선에 뛰어들었다. 2011년 10월에 중·고등학교 신입생들에게 무상교복을 지원하기 위한 조례안을 의회에 상정했지만 부결됐다.
 무상교복 이슈는 한동안 가라앉았다. 그리고 2014년 지방선거와 교육감 선거를 앞두고 다시 한번 이슈로 떠올랐다. 진보진영의 선거 공약으로 또다시 등장한 것이다. 무상급식은 이제 그 범위를 어디까지 확대할 것인가가 주요 관심사였고, 무상교복은 무상급식에 이은 또 하나의 의무교육 소재로 등장했다. 무상교복은 중·고교 신입생부터 시작하는 방안이 유력하게 제시됐다. 특히 선관위가 선거법 위반 소지가 있다는 유권해석을 내리면서 주춤했던 강원도의 민병희 교육감은 재선에 성공하자 무상교복

카드를 또다시 꺼내 들었다. 무상교복에 관한 한 최선봉장은 민병희 강원도교육감이었다.

## 전정환 정선군수, 정부로부터 특별교부세 불이익도 받아

그리고 이런 분위기에 무상교복을 전국적인 이슈로 만든 또 다른 주인공이 등장한다. 강원도의 전정환 정선군수다. 이미 2010년부터 유치원에서 고등학교까지 무상급식을 실시하고 있던 정선군은 2014년 지방선거가 끝난 후 무상교육 범위를 교복비 지원은 물론이고 수업료와 교육재료비 지원까지 확대하기로 했다. 그러자 안전행정부는 그해 10월 재정·교부세 담당자 4명을 정선군에 급파해 실사를 벌이기까지 했다. 정선군은 전체 예산의 절반을 안행부에서 내려보내는 교부세에 의존하고 있던 형편이었다. 당연히 압박으로 느낄 수 있는 조치였다. 실제로 안행부는 인근 태백과 영월에는 특별교부세 10억 원을 내려보냈지만 정선군에는 한 푼도 주지 않았다.

2014년 11월 강원도 정선군의회는 관련 조례를 통과시켰다. 다만, 지원 범위가 입학금과 수업료 지원으로 축소됐다. 중·고교 신입생 교복비 지원은 일단 보류됐다. 하지만 정선군은 행안부가 특별교부세를 한 푼도 주지 않는 등 압박을 했음에도 불구하고 2016년부터 무상교복을 추진하겠다고 다시 선언했다.

일단 여기서 짚어두고 가자. 전국적으로 이슈가 되었고, 특히 민병희 강원도교육감이 지속적으로 도입을 시도하고, 강원도 정선군은 특별교부세까지 못 받아 가며 도입을 시도한 이슈가 왜 '이재명표 브랜드'인가? 이재명이 최초로 제안한 것도 아니다. 최초로 시행한 것도, 최초로 시도한 것도 아니다. 대체 왜 무상교복이 이재명표 브랜드인지 묻고 싶다. 전혀 사실에 맞지도 않음에도 정말 많은 이재명 지지자들과 국민들 상당수가 이재명이 최초로 제안하고, 최초로 시행한 것으로 '믿고' 있다.

'믿음의 영역'은 이성과 과학의 영역은 아니다. 사실인지 거짓인지 착각인지 오해인지 여부는 아무런 상관도 없다. 그냥 반복된 언론 보도로 인한 세뇌 효과라고 밖에 볼 수 없다.

(이 대목에서는 이재명 혼자 언론과 싸우면서 대통령 후보 자리까지 왔다는 그들만의 서사를 생각하니 이성과 합리라는 근대주의는 우리와는 상관없는 것 같다.)

## 전국 여러 지자체에서
## 저소득층 선별해
## 무상교복 지원

　전면적인 무상교복 지급이 제지를 받으면서 여러 지방자치단체는 기초생활수급자 등 저소득층 자녀에게 선별적으로 무상교복을 지원하기 시작했다. 이재명의 성남시도 마찬가지였다.

　2015년에는 무상교복을 놓고 여야가 당 차원에서 논쟁하기도 했다. 3월에는 문재인 당시 새정치민주연합 대표가 홍준표 경남도지사를 만나 설전을 벌였고, 이어 당 대변인들 간에 논평을 통해 싸우기도 했다. 이재명은 이 전선에 뛰어들었다. 세간의 주목을 받는 이슈를 그냥 지나칠 리 없는 이재명이다. 논란의 중심에 서 있던 홍준표를 겨냥해 열심히 글을 올리며 논쟁의 중심으로 들어갔다. 이재명이 마치 무상복지 시리즈의 선봉장인 것처럼 이미지가 조작된 것은 이 때문이다.

　(어떤 정책에 대해 실제 결과물과 관계없이 열심히 SNS에 글을 올리고, 열심히 떠들면 그 사람이 정책의 주인공이 되는 것인가? 아니면 실제로 정책을 추진해서 결과물을 만들어낸 사람이 주인공인가?)

# 실행하지도 않은 정책을
# 이미 성공시킨 시장으로
# 둔갑시킨 언론

이재명은 이미 대세가 된 무상급식을 뒤로하고 한창 논쟁이 불붙은 무상교복, 그리고 여기에 일부 지자체에서 이미 시행하고 있는 공공산후조리원은 이미 타이밍을 놓쳐서 '무상'을 붙인 '무상공공산후조리원'을 들고나왔다.

소위 진보진영 언론이라고 할 수 있는 〈한겨레신문〉, 〈경향신문〉, 〈오마이뉴스〉, 〈프레시안〉 등이 앞다퉈 큼지막한 기사로 이재명을 집중 조명하기 시작했다. 무상급식 파행으로 논란이 된 홍준표 경남도지사와 비교하는 대상으로 선택된 것이다. 실제로 정책이 법안으로 성립되어 추진하는 것도 아니고, 장밋빛 계획을 발표한 것만으로 마치 그 정책을 당장 추진할 것처럼 포장지를 씌워줬다. '3무 정책은 이재명표 브랜드'라는 허구의 신화가 시작된 것이다. 그리고 '야권 잠룡'으로 주목받는다.

아직 실행도 하지 않은, 실행시키지도 못한 정책을 이미 실행한 것처럼 포장한 기사가 수두룩하다. 예를 들어, '이재명 성남시장 경남 진주 방문, 복지 성공 사례 나눈다', '이재명, 홍준표 경남에 복지의 진수를 알려주마', '성남시장, 경남에서 무상급식 강연' 등이 대표적이다. 이재명은 무상급식도 자기 브랜드로 훔쳐갔다.

이때까지 실제로 추진한 3무 정책은 하나도 없다. 무상급식은 전국 지자체 모두가 하는 정책이었고, 무상교복, 무상공공산후조리원, 청년배당은 어느 하나도 시행하지 않고 있었다. 그러나 언론 기사는 이미 이런 정책을 시행하고 성공시킨 성남시장으로 포장했고, 그런 이미지로 전국을 다니며 강연했다.

## 무상교복 조례안 부결되자 반대표 행사 시의원 명단 SNS에 공개

이재명은 2015년 8월 4일 성남시 중·고등학교 신입생들에게 무상 교복을 지원한다고 발표했다. 그리고 9월에 성남시의회에서 관련 조례가 통과돼 예산 27억 원이 편성됐다. 복지부는 무상 지원보다는 소득 기준 등을 마련해 차등 지원하라고 통보했다. 복지부의 조치는 성남시만을 겨냥한 것은 아니다. 정부 차원에서 전국 지방자치단체의 복지정책을 조율하는 입장에서 나온 조치다. 안전행정부가 강원도 정선군의 무상교복 지급에 대해 특별점검을 하고 특별교부세를 내려보내지 않던 그런 조치와 같은 맥락이다.

성남시는 2016년과 2017년 연달아 저소득층 자녀들에게 선별적으로 무상교복을 지원하는 데 그친다. 신입생 전원에게 무상교복을 지원하는 방안은 시의회에서 막혔다. 이런 현상은 성남시에서만 벌어진 것은 아니다. 앞서 언급한 정선군은 군의회도 전면적인 무상교복 지급안에 동의했지만, 행안부 압박으로 시기를 연기했고, 민병희 강원도교육감도 번번이 좌초됐다. 심지어 경기도교육청은 무상교복이 막히자 운동복 지급으로 우회하기도 했고, 대신 남경필 당시 경기도지사와 이재정 경기도교육감이 연합해 '반값 교복'을 추진하기도 했다.

이재명은 무상교복 추진안이 제동에 걸리자 "항일독립운동하는 심정"이라는 표현으로 자극적이고 적대적인 대립 구도를 만들어 싸움을 이어갔다. 그리고 2017년 9월에는 자신의 방안에 반대한 성남시의회 의원들 명단을 SNS에 공개해 집단 테러를 유도하는 등 반의회적인 행태도 불사했다. 시의원 명단을 SNS에 공개한 행위에 대해 경기도청 미래성장정책관 임문영 씨는 『이재명의 싸움』(p.175)에서 "그들은 비밀투표인데 명단을 공개했다며 항의했지만, 상임위 회의록의 기록을 보면 모든 것을 알 수 있었다. 무상교복을 반대하는 것이 정정당당한 일이라면 투표를 왜 비밀로 하자고 할까? 이해할 수 없는 일이다"라고 쓰고 있다.

이재명이 앞장서서 명단을 공개하는 행위와 시민들이 회의록을 찾아서 명단을 알아보는 것은 차원이 다른 문제다. 이재명의 행위는 사실상 선과 악을 미리 정해놓고 반대표를 행사한 의원들을 악으로 규정해 인민재판에 세우는 반의회주의적인 마녀사냥이다.

# 최초로 무상교복
# 시행한 지자체는
# 광명시와 용인시

　이재명은 자신의 의견에 반대하는 사람을 적으로 간주하는 경향성을 갖고 있다. 비판을 적대 행위로 간주한다. 대화와 타협, 비판과 관용을 기본 원리로 하는 민주주의와는 거리가 있다. 성남시장 재직 당시 성남시의회와의 잦은 충돌은 그의 반의회주의, 반민주적인 성향을 보여주고 있다.

　이재명과 달리 의회와 원만한 합의로 전국 지자체 중에 가장 먼저 무상교복을 도입한 곳이 광명시와 용인시다. 이재명이 성남시와 충돌하며 무상교복 도입에 실패한 반면 같은 시기 광명시의 양기대 시장(현 더불어민주당 국회의원)과 정찬민 용인시장(전 국민의힘 국회의원)은 무상교복 도입에 성공했다. 특히 양기대 시장의 경우 반대하는 야당과 싸우는 대신 설득했기 때문에 가능했다. 정찬민의 경우 소속당이 시의회 다수 의석이어서 비교적 수월하게 자신의 의지를 관철시켰다.

　2017년 10월과 11월 나란히 시의회의 협조로 조례안이 통과된 광명시와 용인시는 2018년 새 학기부터 전국 지자체 최초로 중·고교 신입생 교복 구입비를 지원했다. 광명시와 용인시 간에 누가 최초냐는 논쟁이 있었지만, 의미 없는 논쟁이다. 비슷한 시기에 조례가 통과되고 예산이 책정돼 동일한 시기에 집행됐기 때문이다. 광명시와 용인시 모두 최초라고 하는 게 타당하다.

양기대의 광명시는 2017년 가을 학기에는 초·중학교에 이어 고등학교 무상급식까지 도입할 정도로 무상복지 정책을 선도하고 있었다. 반면 이재명은 의회와 대화하고 타협하며 설득하는 대신 싸움으로 보내다가 그 시행 시기가 다른 지자체보다 늦어졌다.

그래서일까? 2017년 이후로 이재명 본인 스스로는 3무 정책에 대해 크게 내세우지도, 떠들지도 않고 있다. 내세울수록 과대 포장된 허구가 드러날 가능성이 더 크기 때문이다. 더구나 이재명 스스로 내세우지 않아도 이재명 지지자들, 더불어민주당 다수 정치인들, 그리고 언론, 많은 국민들은 이재명이 최초로 무상교복을 도입한 것으로 착각하고 있어서 굳이 떠들 필요가 없다. 거짓이 돌아다니도록 조용히 있는 게 남는 장사인 셈이다. 박근혜 탄핵에 관한 이야기도 2017년 『이재명의 굽은 팔』에 서술한 이후로 거의 언급하지 않고 있는데, 마찬가지 이유다. 이재명 본인 스스로 '허구의 신화'임을 알고 있기 때문이다. 떠들어봐야 허구가 벗겨지고, 손해이기 때문에 굳이 언급할 이유가 없는 것이다.

## 여주공공산후조리원은 남경필 전 경기도지사의 업적

이재명은 지난 2021년 12월 30일 자신의 페이스북에 '이재명은 합니다_소확행 공약 35'라는 제목의 글을 올렸다. 이 글에는 이런 내용이 담겨 있다. "제가 경기도지사 때 만든 '경기 여주공공산후조리원'이 개원하자마자…"라고 쓰고 있다. 결론부터 말하자면, 이 내용은 공직선거법상 허위 사실 유포다. 경기도 여주공공산후조리원은 남경필 전 경기도지사의 업적이다.

2015년 공공산후조리원 설치를 두고 남경필은 경기도와 여주군이 비용의 일부를 부담해 민간보다 저렴한 공공산후조리원을, 이재명은 무상으로, 즉 공짜로 제공하는 공공산후조리원을 내세웠다. 그 결과 정부에서 남경필 안은 승인하고, 이재명 안은 불허했다. 여주공공산후조리원은 남경필 임기 중이던 2018년 3월에 착공했다. 뒤에서 설명하겠지만, 남경필 방식의 공공산후조리원은 여당과 야당, 진보와 보수를 불문하고 이미 여러 지자체에서 도입한 방식이기도 했다.

그러자 이재명은 두 개의 방안에 대한 차이점(남경필은 일부 지원, 이재명은 전면 무상) 때문에 정부 결정이 달라진 점은 쏙 빼놓고 마치 정부가 이재명이라서 탄압하는 것처럼 사실을 호도하는 글을 페이스북에 올리기도 했다. 2015년 12월 26일 페이스북에 '공공산후조리원, 하겠다는 성남은 못 하게 하고 안 하겠다는 곳엔 억지로?'라는 제목으로 글을 올렸다. 제목부터 사실을 왜곡했다. 내용도 선악의 이분법적 적대 구도로 가득 차 있다. 내용을 보자.

"기가 막힐 노릇이다. 부정부패 막고 낭비 예산 줄이고 세금징수 철저히 해서 마련한 자체 예산으로 하겠다는 성남시의 공공산후조리원은 청와대, 정부 부처에 경기도까지 총출동해서 막으면서 정작 설립 신청을 안 하는 시군에는 막대한 예산을 쏟아붓겠다고 한다."

사실관계가 맞는 내용이 거의 없다. 자신 스스로를 옹호하고 마치 엄청난 불의의 세력과 싸우는 투사 이미지를 투여하기 위해 '부정부패', '낭비 예산', '세금징수 철저' 등의 표현을 동원하고 있는데, 누가 들으면 전국 200개가 넘는 다른 지방자치단체장들은 부정부패하고, 예산 낭비하고, 세금징수 제대로 못 하는 줄 알겠다. 이재명은 늘 남들도 다 하는 일을 마치 혼자서만 하는 듯이 표현하고는 한다. 간접적으로 다른 지자체장들을 죄다 부정부패하고 예산 낭비하고 세금징수 제대로 안 하는 사람으로 만들어버린다.

앞서 말했듯이 성남시의 공공산후조리원은 개념이 다르다. 이재명은 '무상'을 빼버리고 사실을 호도한다. 이재명은 무상교복 논쟁에 뛰어들면서 다른 지자체와는 남다르게 보이기 위해 두 가지 정책을 더 얹었는데 그게 바로 청년배당과 '무상'공공산후조리원이다. 2015년 내내 '무상'을 앞세워 3무 정책을 세일즈하던 이재명이 막상 도입이 무산되자, 남경필이 추진한 '일부 지원 방식의 공공산후조리원'과 '무상공공산후조리원'을 같은 것으로 만들어버린다. 그리고 청와대와 정부가 이재명만 골라서 불이익을 준 것처럼 사실을 왜곡한다.

사실 왜곡은 또 있다. '정작 설립 신청을 안 하는 시군에는 막대한 예산을 쏟아붓겠다고 한다'는 표현이다. 남경필은 경기도 여주에 공공산후조리원을 설립하기로 했는데, 이는 여주군에서 강력한 의지를 갖고 공공산후조리원 유치 작업을 했기 때문이다. 여주군에서 자체 예산을 내놓을 테니 경기도에서도 도와달라고 했고, 남경필은 경기도 내 여러 지자체 중에서 가장 강력한 의지를 보여준 여주군에 짓기로 결정한 것이다. 이재명의 글은 여주군은 물론이고 여주군민들에 대한 심각한 모독 행위라고 평가할 수 있다.

## 여주공공산후조리원 개원식에 간 이재명, 사실과 허구를 뒤섞다

여주공공산후조리원은 남경필 시절 착공했지만, 개원은 이재명이 경기도지사로 재임할 때 이뤄졌다. 2019년 5월 3일 이재명은 개원식에 참석해 축사를 했다. 그 내용의 일부를 보자.

"출산이 부담, 고통이 아니라 행복, 축복, 꿈이 될 수 있도록

산후조리 문제를 해결해야 한다는 생각으로 성남시장 재직 시절 출산 지원을 위해 처음 시작한 것이 공공산후조리원이었다. 공공산후조리원을 무상으로 또는 저렴하게 지원하는 등 지방자치단체 차원에서 할 수 있는 것을 했는데 경기도에서의 첫 출발은 여주에서 하게 됐다."

주술이 하나도 안 맞는 말이다. 교묘하게 이것저것 뒤섞어놓아서 내용을 자세히 듣지 않으면, 여주공공산후조리원이 마치 이재명의 업적인 것으로 오해하기 좋다. "출산 지원을 위해 처음 시작한 것이 공공산후조리원"이라는 표현은 자기가 했던 '산후조리비 지원'과 '공공산후조리원'을 억지로 연결하려다 보니 주술이 안 되는 말을 하게 된 것이다. 성남시에는 이재명이 재임하던 때도, 그 이후 은수미에 이르기까지 현재 공공산후조리원이 단 한 개도 없다. 출산 지원은 그냥 조리원 이용 비용을 지원하는 것으로, 여타 지자체도 하는 정책이다.

이어 "공공산후조리원을 무상으로 또는 저렴하게 지원하는 등 지방자치단체 차원에서 할 수 있는 것을 했는데"라는 표현도 허위 사실이다. 성남시에 공공산후조리원도 없는데 무슨 수로 무상으로 지원하고, 저렴하게 지원한단 말인가. 이재명은 하지도 않은 일을 했다고 표현하고 있다. 그리고 교묘하게 '무상으로'와 '저렴하게 지원'을 연결해놨는데, 이건 '산후조리비 지원'과 '무상으로'를 뒤섞어서 혼동을 일으키게 만든다. 이 축사를 들으면,

누구나 여주공공산후조리원은 이재명의 업적이고, 공공산후조리원은 이미 성남시장 재임 때부터 한 것으로 오해하게 한다.

2021년 8월 10일 〈아시아경제〉와의 인터뷰에서는 "민선 7기 경기도가 출범하고서 여주에 공공산후조리원을 1호로 만들었고, 포천공공산후조리원이 올해 말 준공 예정"이라고 말했는데, 명백한 허위 사실 유포라고 할 수 있다.

이 인터뷰 이전까지 이재명은, 교묘하기는 해도 여주공공산후조리원이 자신의 업적이라고 '직접적'이고 '명시적'으로 말하지는 않았다. 그저 오해할 정도로 말했을 뿐이다. 그러다가 아무도 모른다고 생각했는지 2021년 12월 페이스북에서는 당당하게 '제가 경기도지사 때 만든 경기 여주공공산후조리원'이라고 표현한다. 이재명이 경기도지사 때 개원했다고 이재명이 만든 것인가? 대한민국 국어가 이만큼 혼탁할 정도로 사용되고 있는가?

이재명이 이런 식으로 말할 수 있는 용기를 준 것은 바로 2020년 김명수의 대법원이 고 이재선 씨 강제 입원과 관련한 선거법상 허위 사실 공표에 대해 무죄를 선고했기 때문이다. '일부 진실과 차이 나도 허위 사실 공표라고 볼 수 없다'는 희대의 판결은 유권자의 올바른 판단을 저해해 민주주의의 위기를 불러온 최악의 판결이었다. 이재명이 자신의 업적도 아닌 여주공공산후조리원을 자기 업적으로 당당하게 말할 수 있는, 거짓말할 수 있는 용기를 준 것이 바로 대법원판결이다.

지금 이 순간에도 정말 많은 국민들이 공공산후조리원을 이재명의 업적으로 알고 있고, 이재명을 칭송하는 책, 유튜브와 팟캐스트, 그리고 언론 보도에 '대표적인 이재명 업적'으로 포장되어 있다. '이재명표 브랜드'라는 허구의 신화가 사실처럼 떠돌고 있다.

## 이재명은 유상이든 무상이든 공공산후조리원을 단 하나도 만들지 않았다

이재명은 2017년에 펴낸 『이재명의 굽은팔』(p.202)에서 이렇게 서술하고 있다.

> "성남시에서 추진하려던 '무상공공산후조리원'이 현 정권의 반대로 '산후조리원 지원'으로 우회하고 있다. 갈수록 심해지고 있는 양극화로 아이 낳기를 주저하거나 포기하고 있는 실정이다. 육아 책임을 전적으로 개인에게만 지우는 현실은, 뜻만 있다면 어렵지 않게 고칠 수 있다. … 한국 정치인들이 여성 문제를 이해하고 또 참여하는 수준이 곧 한국의 인간 척도라는 걸 나는 믿어 의심치 않는다."

적어도 이때까지는 이재명도 사실대로 쓰고 있다. 누구보다

자기가 진실을 잘 알기 때문이다. 이재명은 '최초'와 '무상'에 집착했고, 그러다가 성남시장으로 재직하면서 단 하나의 공공산후조리원을 만들지 못하고 퇴임했다.

이재명은 2015년 3월 하반기를 시작으로 2018년까지 취약계층을 위해 무상공공산후조리원을 설치 운영하겠다고 발표했다. 민간시설 이용자는 1인당 50만 원을 지원하겠다고 덧붙였다. 이에 대해 복지부는 지역 간 형평성, 산모 간 불평등 야기, '산모 신생아 건강관리사 지원사업' 대상자 확대를 통해 해결 가능하다며 반대했다. '무상'을 고집하지 않았다면 정부에서도 막지 않았을 것이고, 성남시에는 공공산후조리원이 만들어졌을 것이다. 그러나 이재명은 '최초의 무상공공산후조리원'에 집착하다 단 한 개의 공공산후조리원도 만들지 않고 퇴임했다.

열심히 떠들었으니 이재명 업적인가? 그렇게 따지면, 공공산후조리원은 민주노동당(현 민중당과 정의당)의 최대 업적이다. 민노당은 이미 2010년 지방선거 당시 당 차원에서 공약으로 내걸었고 이후 각종 선거마다 공공산후조리원을 공약으로 내세웠다.

## 전국 최초 공공산후조리원은 제주도 서귀포공공산후조리원

공공산후조리원을 설립하겠다는 계획은 2011년 서울시 송파구에서 가장 먼저 내놓았다. 공공산후조리원은 민간시설보다 가격이 저렴한 것이 특징이다. 산후조리비를 일부 지원하는 방식에서 한 걸음 더 나아가 민간보다 저렴한 공공시설을 짓는 것이다. 국공립 유치원처럼 말이다. 복지부가 인증한 국내 최초의 공공산후조리원은 2013년 3월에 개원한 제주도 서귀포공공산후조리원이다. 이어 같은 해 4월에는 충남 홍성군도 공공산후조리원을 개원했다. 2014년에는 가장 먼저 계획을 발표했던 서울 송파구가 개원했고, 2015년에는 전남 해남군이 뒤를 이었다. 이후 강원도 삼척시 등 여러 지역에서 공공산후조리원이 개원했다.

다른 지자체에서 속속 공공산후조리원을 지어 운영에 들어가는 동안 이재명이 한 일은 '산후조리비 지원'이 전부였다. 그런데도 언론은 '산후조리비 지원'을 '공공산후조리원'으로 둔갑시켰다. 대표적인 친이재명 기자는 '산후조리비 지원'을 하자 「이재명표 공공산후조리원 첫 수혜자 나와」라는 제목의 기사를 내보냈다.

이래도 되는 걸까? '산후조리비 지원', 즉 비용 일부를 현금으로 지급한 걸 어떻게 '공공산후조리원'에 덮어쓸 수 있을까? 이는 독자들을, 시민을 무시하는 처사가 아니라고 할 수 없다. 개념 자체가 다른, 공공산후조리원 자체가 없는 성남시에서 비용 일부를 지원한 것에 대해 '이재명표 공공산후조리원'으로 떡하니 쓰는 것은 도저히 말이 안 나오는 가짜뉴스 중 최악의 가짜뉴스였다.

다시 말하지만, 이재명은 성남시장 재직 8년 동안 공공산후조리원을 단 하나도 짓지 않고 떠났다. 그리고 경기도지사로 가서 개원식에 참석한 경기 여주공공산후조리원은 남경필의 업적이었다. 그것을 자신의 것으로 교묘히 둔갑시키고, 마침내 뻔뻔하게 페이스북에 자신의 업적으로 표현하는 수준에 이른 것이다. 공직선거법상 허위 사실 유포다.

## 공공산후조리원 설치 근거 규정한 모자보건법 개정도 뻔뻔하게 '이재명법'으로 포장

심지어 2015년 12월 국회에서 모자보건법이 통과되어 공공산후조리원 설치에 대한 법적 근거를 마련했는데, 이 법안조차도 '이재명표 법안'이라는 수식어를 붙여 언론플레이를 하고, 언론도 그렇게 기사를 내보냈다. 그리고 이재명을 칭송하는 책들도 아무렇지 않게 공공산후조리원을 단 한 개도 짓지 않은 이재명의 대표적인 업적으로 공공산후조리원을 내세우고 있다. 당장 경기도청 미래성장정책관 임문영 씨가 쓴 『이재명의 싸움』 (p.249)만 봐도 다음과 같이 서술한 것을 볼 수 있다.

"2015년 12월 국회에서 '모자보건법 일부개정법률안'이 통과됐다. 이것이 일명 '이재명법'이다. … '임산부의 산후조리를 위하여 산후조리원을 설치·운영할 수 있다'라는 신설 조항이 들어갔으며, 이는 공공산후조리원의 법적 근거가 됐다. 그리고 이 법에 따라 2019년 5월 경기도 최초의 공공산후조리원이 여주에 설립되었는데, 문을 열자마자 그해 10월까지 예약이 모두 찼다."

―『이재명의 싸움』 p.249, 임문영 저

시작부터 끝까지 명백한 허위도, 명백한 사실도 아니지만, 공공산후조리원이 이재명의 업적이라고 오인하게 서술하고 있다. 더구나 '모자보건법' 개정안은 이미 제주도, 서울 송파구, 충남 홍성군, 전남 해남군, 강원도 삼척시 등 전국 곳곳에서 공공산후조리원을 지어 운영을 하고 있어서 이를 법적으로 뒷받침하는 후속 조치에 불과했다. 법이 뒤늦게 현실을 따라간 것이다. 더구나 이재명이 내세운 '무상'공공산후조리원과는 별 관계도 없다.

모자보건법 개정안이 국회를 통과할 당시 다수당은 지금의 국민의힘이었다. 이 법안이 이재명 법안이었으면 통과되었을까? 이재명이 박근혜 정부에 대한 국민들의 불만을 이용해 마치 자기가 하는 일은 죄다 청와대와 정부에서 막아선다는 식으로 악마화하며 자신을 정의의 투사로 비치게끔 했는데, 모자보건법 개정안이 이재명 법안이었으면 당시 다수당이었던 새누리당 반대에 막혀 국회를 통과할 수 없었을 것이다.

자신을 영웅으로 만들 때는 적어도 앞뒤가 맞게 말해야 하는데 기본적으로 앞뒤도 맞지 않는다.

## 이재명 지지자들에게
## 무상복지는 무조건
## 이재명이 최초 _____

이재명 지지자들이 무상복지 시리즈를 어떻게 인식하고 있는지를 보자.

> "이재명의 공공산후조리원은 그가 경기도지사에 취임한 이후 경기도 여주에서 최초로 도입되었다. 2022년에는 경기도 포천에서도 개원할 예정이다. … '무상교복' 정책과 마찬가지로 전국의 많은 지자체에서 '공공산후조리원'을 설치하게 되었다. 다시 한번 이재명이 시작하면 대한민국의 표준이 된다는 사례를 보여줬다."
>
> —『이재명, 한다면 한다』 p.63, 백승대 저

사실에 부합하는 내용은 '2022년에는 경기도 포천에 공공산후조리원이 개원한다'는 내용 하나밖에 없다. 뭔가 대화가 불가능할 것 같은 막막함을 느끼게 만드는 내용이다. 아마 허구성을 알려줘도 결코 믿지 않을 것 같은, 견고한 신앙 같은 믿음이다.

'무상교복, 공공산후조리원은 이재명이 추진하고 대한민국 전역에 퍼트려 표준이 된 정책'이라는 이들의 믿음은 결코 허물어질 것 같지 않다. 민주주의가 심각한 위기를 맞고 있다.

# 언어의 파괴, 개념의 파괴, 이재명의 청년배당 혹은 청년기본소득

이재명이 가장 강력하게 밀고 있는 정책은 '기본소득'이다. 기본소득의 본래 개념을 파괴하며 시도하는 이재명의 기본소득은 2016년 처음으로 시작했다. 성남시에 3년 이상 거주한 만 24세 청년들에게 분기별로 25만 원(연간 100만 원)씩 성남사랑상품권으로 지급했다. 이재명은 청년배당을 우리나라 기본소득 정책의 효시라고 주장하고 있다. 소위 '이재명표 브랜드'라고 하는 3무 정책의 하나가 바로 '청년배당'이다.

『이재명론』(p.149)에서는 "경기도에 거주하는 만 24세 청년에게 연간 100만 원을 지급하는 '청년기본소득' 역시 공정의 가치가 구현된 대표적인 정책"이라고 소개하고 있다.

본격적인 기본소득에 대한 논의는 뒤에서 다루기로 하고 청년배당만 놓고 보자. 전 세계적으로 합의되어 있는, 특히 기본소득을 주창하고 나선 '기본소득네트워크'의 개념 규정에 따르면, 이재명의 청년배당이 기본소득의 효시라는 주장은 그야말로 이재명 본인의 일방적인 주장이다.

무엇보다도 '청년배당'을 기본소득이라고 부르기 위해서는, '청년'에게 '보편적'으로 지급해야 한다. 이재명이 코로나 국면에서 줄기차게 '전 국민에게 지급하는 재난기본소득을 보편적으로 지급하자'라고 주장한 것과도 배치되는, 철저한 선별정책이다.

(앞서 언급한 바 있지만, 문재인 대통령은 국무회의에서 '재난기본소득'이라는 명칭을 사용하지 말 것을 지시했다.)

이재명이 당·정·청이 협의한 '코로나로 피해를 입은 중소상인 집중 지원'과 '소득 88% 이하 지급'이라는 선별 원칙을 거부하고 경기도에서만 독자적으로 소득과 관계없이 경기도민 전체에게 재난지원금을 지급한 것과도 배치된다.

이재명의 청년배당은 '성남에서 3년 이상 거주한 만 24세'로 한정되어 있다. 그야말로 선별 정책 그 자체다. 왜냐하면, 이재명의 청년배당 기준으로는 만 20세~23세, 만 25세 이상은 청년에 해당하지 않기 때문이다. 기본소득 개념을 스스로 파괴한 것이다. 동시에 코로나 국면에서 틈만 나면 홍남기 경제부총리를 적폐 세력으로 몰아세우며 재난지원금을 선별해서 지급한다고 비판했던 자신의 행동과도 배치된다.

만약 이재명의 기준대로 이재명식 청년배당이 기본소득에 해당한다면, 현재 우리나라의 각종 복지정책도 모두 기본소득에 해당한다. 1962년에 도입한 '생활보호법'과 이 법을 실질적으로 작동시키기 위해 1999년에 개정한 '국민생활보호법'도 기본소득의 효시라고 할 수 있다. 이 법에 따라 우리나라는 일정 소득액 이하의 국민들에게 기초생활급여를 지급하고 있다. 비록 선별 정책이기는 하지만 이재명의 청년배당에 비하면 그 범위가 훨씬 보편적이다.

또한, 국민연금을 적용받지 못하는 저소득층 노인의 소득 보장을 위해 1991년부터 시행한 '노령수당' 제도가 기본소득이라고 한다면 긴 역사를 지녔다고 말할 수 있다. 이 제도를 확대해 2014년부터 일정 자격의 노인들에게 지급하는 기초노령연금도 마찬가지다.

이재명은 자신의 정책에 과도한 이미지를 부여하기 위해 기본적인 언어 개념 자체를 파괴하고 있다. 우리가 그동안 사과라고 불렀던 과일을 어느 날 갑자기 복숭아라고 부르는 형국이다. 이런 언어의 파괴는 곳곳에서 벌어지고 있다. 앞서 언급한 '재난지원금 → 재난기본소득', '청년배당 → 청년기본소득'은 물론이고 '지역사랑상품권 → 지역화폐', '지방자치단체 → 지방정부'도 같은 맥락이다. 지역사랑상품권이 화폐라고 한다면 백화점상품권도 백화점화폐라고 불러야 하고, 도서상품권은 도서화폐라고 불러야 하는 형국이다. 이재명이 지방정부를 강조할 때는 대한민국이 거의 연방제 국가로 오인될 정도다.

지난 2021년 12월 3일 이재명은 청년들을 만나 '이재명식 기본소득'에 관해 대화를 나눴다. 이 대화에서 국악뮤지컬 극작가인 안선우 씨가 "기본소득 제도가 정말 청년들이 원하는 건지, 이게 정말 최선이라고 생각할 정도로 앞서있는지가 듣고 싶다. 기본소득으로 소비가 촉진돼서 결국 경제 활성화될 수 있지만, 과연 최선의 정책이라 자부할 수 있나. 다른 정책이 있나"라고 묻자 이렇게 답했다.

"양극화 완화를 위한 하나의 수단이기도 하고, 특히 저성장과 경기침체의 원인이 되는 소비 활성화의 수단이기도 해서

하는 거지 청년을 위해 하는 게 아니다."

이재명과 그 지지자들은 청년배당을 3무 정책의 하나로 이야기한다. 3무는 '3개의 무상복지'를 의미한다. 그런데 이재명 스스로 청년배당은 복지정책이 아니라 소비 활성화 수단이라고 말하고 있다.

결론을 내려 보자. 무상급식은 어차피 이재명하고 큰 관계가 없다. 그래서 이재명도 무상급식은 거의 언급하지 않는다. 박원순과 오세훈이 모든 이미지를 가져갔다. 그래서 무상교복, 무상공공산후조리원, 청년배당을 '이재명표 브랜드'라고 수년 동안 알려왔다. 그런데 무상교복은 광명시와 용인시가 최초다. 그리고 다른 지자체도 잇달아 실시하고 있다. '무상공공산후조리원'은 대한민국에 아예 존재하지 않는다. '무상'을 떼고 '공공산후조리원'으로 가면 제주도 서귀포, 충남 홍성군, 서울 송파구, 전남 해남군, 강원도 삼척시 등의 순으로 전국 곳곳에 들어섰다. 그리고 성남시에는 현재까지도 공공산후조리원은 단 한 곳도 없다. 경기도 여주의 공공산후조리원은 남경필의 업적이다.

'이재명표 브랜드'는 대체 어디에 있는가? 저기 우주 저 멀리 안드로메다에 있나? 국민들을 상대로 이렇게 사기를 쳐도 되는 것일까? 남의 재산을 빼앗는 방법은 다양하다. 강도, 절도, 사기 등이 있다. 나라를 훔치는 방법도 다양하다. 무력에 의한 쿠데타(강도)만 있는 게 아니다. 사기로도 가능하다.

# 제5장
# 아무 말 대잔치 '기본소득'

이재명에게 기본소득은 손오공의 여의봉이다. 그야말로 만능열쇠다. 보편적 복지정책이기도 하면서 경제 활성화에도 도움이 된다는 게 이재명의 설명이다. 궁지에 몰리면 복지정책이 아니라 경제 활성화 대책이라고 둘러대고, 경제 활성화에 도움이 되겠느냐고 따지다가 몰리면 복지정책이라고 도망간다.

아직 시행도 하지 않은 정책이지만, 성남시장 시절은 물론이고 예산이 풍부한 경기도지사로 가서는 홍보비를 그야말로 펑펑 쓰면서 홍보한 정책이라서 짚고 넘어가야겠다.

## 이재명에게 기본소득은
## 보편적 복지?
## 경제 활성화 정책?

앞서 언급했듯이 모든 사람이 사과를 사과라고 부르고 있는데, 이재명이 나타나서 사과를 복숭아라고 부르면 복숭아가 되어야 한다.

더불어민주당 대통령 후보로 확정된 뒤(이재명의 득표율은 50%에 미치지 못하지만 사퇴한 후보들의 득표를 모조리 없던 표로 취급하고, 동시에 결선투표제 취지도 무시하면서 과반수에 미달하는 득표에도 불구하고 후보로 지명돼 사사오입 논쟁이 있었다) 연설에서 기본소득에 대해 이렇게 말했다.

"국민의 기본권이 보장되는 보편복지국가를 완성하겠습니다. 대한민국, 이제 경제선진국입니다. 국가 전체 부의 총량을 키우는 것에 더해서 국민의 기본적인 삶을 보장해야 합니다. 세계 최초로 기본소득을 지급하는 나라, 기본주택, 기본금융으로 기본적 삶을 지켜주는 나라를 만들겠습니다. 국민이 더 안전하고, 모두가 더 평등하고, 더 자유로운 나라를 만들겠습니다."

앞서 살펴본 3무 정책은 그 허구성을 모른 채 지지자들만 '일 잘하는 이재명, 실행력 있는 이재명'이라는 허구의 우상을 만드는 소재로 쓰이지, 이재명 본인은 이미 잊어버린 정책이다. 어차피 써먹을 만큼 써먹었고 대선 후보로 성장하는 데 엄청나게 기여했기 때문이다. 더 이상 언급해봐야 그 허구성만 드러나기 때문에 언급하지 않는 게 이익이다.

기본소득은 다르다. 수시로 말을 바꿀지언정 기본소득은 여전히 '전 국민 대상 보편적 사기 치기'의 소재다. 팔아먹을 때까지 팔아먹어야 한다. 이재명에게 '기본소득=보편적 복지'다. '경제 활성화 대책'이다. '복지정책이자 경제 활성화 대책'이다. '복지정책이 아니라 경제 활성화 대책'이다. '복지정책'이다. 이재명의 말은 기본소득에서도 변화무쌍하게 바뀐다. 박근혜 탄핵 촛불집회 당시 하야와 탄핵을 변화무쌍하게 구사하던 수법 그대로다.

## 전 세계가 공식적으로
## 사용하는 기본소득 개념을
## 파괴한 이재명

〈기본소득한국네트워크〉가 규정한 기본소득 개념을 보자.

"기본소득은 국가 또는 지방자치체(정치공동체)가 모든 구성원 개개인에게 아무 조건 없이 정기적으로 지급하는 소득입니다. 기본소득은 세 가지 점에서 기존 생활보장제도와 다릅니다. 첫째, 기본소득은 보편적 보장소득입니다. 즉 국가 또는 지방자치체(정치공동체)가 모든 구성원에게 지급하는 소득입니다. 둘째, 무조건적 보장소득입니다. 즉 자산 심사나 노동 요구 없이 지급하는 소득입니다. 셋째, 개별적 보장소득입니다. 즉 가구 단위가 아니라 구성원 개개인에게 직접 지급하는 소득입니다."

이재명은 이런 개념을 가뿐히 뛰어넘는다. 국가나 지방자치단체가 주는 돈이라면 모두 기본소득이다. 앞서 말했듯이 실업수당은 실업기본소득이 되고, 기초노령연금은 노인기본소득, 만 21세에서 23세, 만 25세에서 30세까지는 주지 않으면서 만 24세 청년만 줘도 청년기본소득, 문화예술인들에게 주는 보조금은 문화예술기본소득, 취학 전 아동에게 주는 아동수당은 아동기본소득,

재난을 당한 사람에게 주면 재난기본소득, 농민들에게 주면 농민기본소득이 된다. 농담이 아니고 실제로 그렇다.

기본소득은 선별하지 않는 게 기본 개념의 출발이다. 하지만 이재명은 전 세계에서 통용되는 개념도 그냥 무시하고 자신이 규정한 개념을 우겨댄다. 기본소득은 그야말로 '아무런 조건 없이 국민 1인당 일정 액수를 고정적으로 지급한다'는 게 기본 개념이다. 이재명식 기본소득은 전 세계의 기본소득론자들과는 별천지의 개념이다. 종교로 치면 혼자 해석을 달리해서 새로운 신흥종교를 창시한 교주 정도 된다고 할 수 있다.

박정희가 '한국식 민주주의'라며 보편적인 민주주의 원칙을 위배한 유신헌법도 민주주의 헌법이고, 그 유신헌법이 적용되는 한국을 민주주의 국가라고 스스로 불렀듯이, 이재명은 '한국식 기본소득'을 주창한다. 아니다. 한국 내 기본소득론자들의 개념과도 다르니 '한국식 기본소득'도 아니다. 그냥 '이재명식 기본소득'이라고 부르는 게 합당하다.

## 기본소득은 대동세상(大同世上)의 지상천국으로 가는 길?

이재명의 열렬한 지지자인 〈나꼼수〉 출신 김용민이 이재명을 인터뷰한 뒤에 쓴 『마이너리티 이재명』에는 기본소득에 대한 찬가가 울려 퍼진다. 기본소득을 하면 그야말로 대동세상이 열린다. 모든 사람이 함께 어울려 평등하게 살아가는 그런 세상, 모두가 한판 어우러져 흥겹게 살아가는 그런 지상천국이 열린다. 몇 가지만 소개한다.

"이재명이 각별한 관심을 갖는 것과 무관하게 기본소득 도입은 지구적 대세다."
―『마이너리티 이재명』 p.129, 김용민 저

"이재명은 설득을 자신한다. '세금이 나를 위해 쓰인다고 확신되면 저항할 이유가 없습니다. … 소멸성 지역화폐로 기본소득을 지급하면 복지 확충 외에 경제성장 효과를 내고 성장과실을 대부분 차지하는 고액납세자도 만족합니다.' … 기본소득은 어느 정도가 적정할까? 이재명은 월 50만 원이 알맞다고 말한다. 2020년 기초생활수급자의 기초생활수급액 52만 원을 감안했다."
―『마이너리티 이재명』 p.139, 김용민 저

"'기본소득을 하지 않으면 체제 유지가 안 될 것이라 생각합니다' 이재명은 가용한 시간을 최대한 활용해 공론의 장에서 기본소득 논의를 펼치고 있다. 기본소득이라는 호랑이 등에 오른 셈이다. 호랑이 몸에서 떨궈져 나간다면 그 자체로 치명적인 상처를 입게 될 것이고, 정신 차리기도 전에 호랑이 밥이 될 것이다. 기본소득의 궁극에는 대동세상이 있다. … 노무현이 만들고자 했던 '모두가 먹는 것 입는 것 이런 걱정 좀 안 하고 더럽고 아니꼬운 꼴 좀 안 보고 그래서 하루하루가 좀 신명 나게 이어지는 그런 세상'의 길로 가게 될 것이다."

─『마이너리티 이재명』 p.164, 김용민 저

"제가 이걸 무리하다시피 추진했어요. 성남시장 시절 추진할 때에는 거의 환자 취급받았구요. 하지만 전 국민 중 절반 이상이 동의하는 정책이 됐습니다. 코로나-19의 재난기본소득 지급을 계기로 '아, 이거 정말로 좋은 정책이네. 이거 정기적으로 하면 좋겠네. 1년에 한두 번이라도.' 이게 기본소득이지요."

─『마이너리티 이재명』 p.283~284, 김용민 저

하나하나 반박하려면 정말 큰 노력이 필요하다. 문제는 그렇게 공들여 반박하더라도 기본소득이 대동세상을 만들어줄 것이라는 희망을 저들은 절대 포기하지 않고 떠들 것이기 때문에 반박은 부질없는 짓일지도 모른다. 그래도 몇 가지만 간단히 언급해야겠다.

기본소득이 지구적 대세라고 하는데, 근거는 없다. 그냥 저들이 지구적 대세라면 지구적 대세다. 현재 기본소득을 하는 나라는 없다. 실험하다 그만둔 나라는 핀란드와 스위스가 있다. 천연자원이 풍부한 알래스카는 1년에 한 번 그 이익금의 일부를 나눠준다고 한다. 그런데 이재명 지지자들에게는 지구적 대세다. 대세라는 단어가 이렇게도 쓰일 수 있구나, 하는 생각은 들었다.

김용민의 이런 주장은 이재명이 반박했다. 이재명은 더불어민주당 대선 후보 수락연설에서 "세계 최초로 기본소득을 지급하는 나라를 만들 것"이라고 말했다. 지구적 대세가 아니라 지구에서 대한민국이 처음 시도한다고 이재명이 말했다. 자기들끼리도 말이 앞뒤가 맞지 않는다.

기본소득을 나눠주기 때문에 세금을 올려도 저항하지 않을 것이라고 자신한다. 재난지원금 논란 당시 이재명은 상위 12% 부자들한테 지원금을 주지 않는 것은 불평등이기 때문에 줘야 한다고 했다. 나중에 세금 더 많이 걷기 위해서라고 한다. 기본소득 주면 세금으로 더 많이 낸다는 이야기다. 그래서 이재명은 설득할 자신이 있다고 큰소리치고 있다.

기본소득을 주면 노무현이 말했듯이 '모두가 먹는 것 입는 것 이런 걱정 좀 안 하고 더럽고 아니꼬운 꼴 좀 안 보고 그래서 하루하루가 좀 신명 나게 이어지는 그런 세상'의 길로 가게 된다고 한다. 아니 이 좋은 걸 왜 세계 어느 나라도 아직 하지 않는지 궁금할 지경이다.

"곳곳에서 '병으로 죽기 전에 굶어 죽겠다'는 신음이 터져 나오고 있습니다."

지난 2020년 3월 25일 〈경기도가 도민 여러분께 재난기본소득을 지급합니다〉라는 글을 통해 우리나라 상황을 이렇게 묘사했다. 대한민국이라는 나라가 1950년대로 되돌아간 듯하다. 코로나-19로 어려운 사람이 많다. 그렇다고 하지만, 이재명이 말하는 것처럼 그 정도인가?

자신의 정책을 홍보하기 위해 대한민국을 졸지에 1950년대에나, 아니 조선시대에나 어울릴 법한 표현으로 비하하고 있다. 하긴 이재명이나 김용민이 꿈꾸는 대동세상도 조선시대 김육이 도입했다는 대동법에서 비롯된 말이다. 이재명과 그 지지자들은 대동법을 시행하던 그 조선시대를 꿈꾸고 있는 것일까? 대동법을 시행하던 그때는 조선이 살 만한 나라였는가 보다. 조선시대 역사를 새롭게 배웠다.

## 농담이 아니라 기본소득론자들은 정말로 지상천국이 만들어진다고 믿고 있다

먼저 이재명과 김용민의 대화를 보자.

> 김용민: "기본소득으로 최소한의 생계비용을 보장받고 자기가 하고 싶은 일에서 소득을 보충하게 된다면, 갑질하는 직장에서 다닐 사람이 누가 있겠나 싶어요."
> 이재명: "그냥 아르바이트하면서도 살 수 있어요."
> 김용민: "그러니까 '나한테 갑질해? 때려치우면 되겠네.' 이렇게 나오는 거예요."
> ─『마이너리티 이재명』 p.290, 김용민 저

기본소득 홍보를 위해 만든 동영상에 나오는 젊은 여성들의 대화도 보자.

> A 씨: "독립하고 싶어 하는 20대 여성들에게 하고 싶은 말이 있다면 뭐가 있을까요?"
> B 씨: "우리가 희망을 잃지 않고 기본소득을 받아 독립하면 좋겠어요."

## 기본소득 재원 마련 대책은 그야말로 아무 말 대잔치

기본소득 재원 마련 대책도 그야말로 현란해서 정신을 차리지 않으면 뭐가 뭔지 알 수가 없다. 일단 나열해본다.

"문제는 기본소득 공약 실현에 필요한 재원이다. 대선주자 이재명에게는 대안이 있었다. 강력한 카드, 국토보유세가 그렇다. 국토, 즉 부동산으로 인해 발생하는 불로소득에 과세하겠다는 것이다."

―『마이너리티 이재명』 p.135, 김용민 저

"이재명은 실험을 유보할 생각이 없어 보인다. '현재 재원에서 복지 축소나 증세 없이 이를 위해 조세감면 제도의 일부를 손볼 수 있다'라고 했다."

―『마이너리티 이재명』 p.137, 김용민 저

"전면적 기본소득은 전 국민 증세를 전제한다. … 상위 10%에게는 무겁게 90%에게는 가볍게 과세할 방침이다. 즉, 90%의 국민은 납부액보다 수령액이 많을 것이다."

―『마이너리티 이재명』 p.138, 김용민 저

"'국민 여러분, 앞으로 낸 세금을 100% 기본소득으로 돌려드리겠습니다. 부동산에서 세금 더 걷어도 되겠지요?' 그렇다면 동의하시지 않겠어요? 다 돌려받으니까요. 그렇게 증세

에 동의해 세금을 걷으면 또 그만큼 돌려드리고, 재차 지지
받으면 추가로 올리고, 이렇게 해나가면 경제가 살고, 불평
등이 완화되며, 모두가 행복한 세상을 열 수 있습니다."

－『마이너리티 이재명』 p.289, 김용민 저

    정리하면 이렇다. 기본소득 재원을 마련하는 방법으로는 부동산 불로소득에 과세하는 국토보유세, 조세감면 제도의 일부 손질, 전 국민 증세가 있다. 이재명은 증세를 안 해도 기본소득이 가능하다고도 했다. 로봇세와 탄소세 등도 있다. "기본소득은 국민동의하에 새 재원을 만들어 하는 것이므로 복지 대체는 기우입니다"라는 2020년 6월 24일 페이스북에 쓴 글이 바로 이걸 말한다.

    온갖 것을 다 갖다 붙여서 증세를 한다는 건지 만다는 건지도 불확실하다. 상황에 따라 이랬다저랬다 하기 때문에 뭐가 진짜인지도 모를 지경이다. 상황에 따라 자기 유리한 대로 말하는 습관 때문에 앞뒤 안 맞는 이야기라도 거침없이 한다. 인간의 기억력을 테스트라도 하듯이 너무 변화무쌍 현란해서 이렇게 차곡차곡 정리하지 않으면 따라잡기가 여간 힘든 게 아니다.

    몇 가지만 짚어보자. 평소 부동산과 토건족은 우리 사회의 악이자 적폐라고 보는 이재명의 인식으로는 불로소득을 때려잡고 그 돈도 기본소득으로 나눠주면 꿩 잡고 매 잡는, 그야말로 일타쌍피다. 기본소득이 복지정책이자 경제 활성화 대책이

기도 하다는 만능의 여의봉이듯이 국토보유세는 또 다른 만능 열쇠다. 그러면서 부자들 반발이 걱정되는지 김용민은 같은 책 145페이지에서 "보편지급은 선심성 지원이 아니다. 저소득층만 혜택을 독점하지 않는다. 아니 고소득층에게 가장 많은 혜택이 돌아간다"라고 말한다. "고소득층에게 가장 많은 혜택이 돌아간다"는 부분에서는 이재명이나 그 지지자들 모두 국민들을 개돼지로 아는 게 확실한 것 같다는 생각이 든다. 솔직히 이 정도면 논리고 뭐고 필요 없다. 그냥 되는 대로 상황에 따라 필요한 말, 유리한 말을 앞뒤 재지 않고 그냥 막 던진다고 표현하는 게 옳다.

조세감면 제도를 손보는 이유는 증세를 하지 않고도 기본소득을 할 수 있다고 큰소리를 쳤기 때문이다. 조세감면 제도의 혜택을 가장 많이 받는 사람들은 다름 아닌 중산층과 서민들이다. 말 그대로 이런저런 항목에서 세금을 면제받기 때문이다. 이재명은 〈신동아〉 2020년 7월호에서 "현재 조세감면 규모가 56조 원이고, 절반인 25조 원을 순차적으로 대상에서 제외해나가면 1인당 100만 원까지도 재원을 만들 수 있다"라고 밝힌 바 있다. 그러니까 이재명은 중산층과 서민들이 받고 있는 조세감면제도의 혜택을 절반 정도 박탈해서 재원을 만든 뒤, 이 돈을 다시 기본소득으로 주겠다는 말이다. 이쪽 주머니에서 빼서 저쪽 주머니로 옮겨준다는 이야기다. 그럴 거면 대체 뭐 하러 기본소득을 하는 건지 모르겠지만, 이재명 본인은 마치 '콜럼버스의 달걀'을 발견한 듯이 기뻐했음이 틀림없을 것 같다. 우리는 이걸 가리켜 '조삼모사(朝三暮四)'라고 한다. 원숭이에게 '아침에 세 개, 저녁에 네 개 주겠다'고 제안했는데 이에 반발하자, '아침에 네 개, 저녁에 세 개'를 주기로 하자 받아들였다는 고사와 무엇이 다를까? 이걸 좀 더 저속적으로 표현하면 시민들을 개돼지 취급한다는 말로 대체 가능하다.

같은 논리로, "국민 여러분, 앞으로 낸 세금을 100% 기본소득으로 돌려드리겠습니다"라는 말도 마찬가지다. 우리가 낸 세금을 100% 돌려줄 거면 그냥 세금을 안 걷으면 될 일이지 뭐 하러 세금 걷었다가 다시 돌려준다는 건가? 세금 걷는 데는 돈이 안 드나? 세금 돌려주는 데는 돈이 안 드나? 뭘 해도 돈이 들 텐데 뭐 하러 세금은 걷나. 그냥 '세금 걷지 말고 기본소득 주지 말라'는 말이 나와도 이상하지 않다.

드디어 제대로 된 '이재명표' 브랜드가 탄생했다. 앞서 언급한 정책들은 허구로 만들어낸 '이재명표' 브랜드였다면 '이재명표 기본소득론'은 그야말로 이재명만의 독보적이고 유일한 브랜드가 확실하다.

'이재명표 기본소득론자들'의 논리가 이 정도 수준이다. 그러니 논리적으로 반박한다는 건 불필요한 일이다. 쓸데없는 에너지 낭비라는 말이다. 어차피 반론을 들을 생각조차 없는 이재명이다. 이재명이 대통령 되면 기본소득은 무조건 한다. "국민이 반대하면 안 한다"는 말은 "국민을 설득할 자신이 있다"는 말과 함께 봐야 한다. 이재명은 국민을 설득할 자신이 있다고 믿고 있다.

## 이재명은 설득할 자신이 있다. 즉, 세뇌시킬 자신이 있다

이재명은 성남시장 시절부터 언론을 활용하는 방법을 터득했다. 언론을 잘 구슬리면 없는 사실도 만들어낼 수 있다는 걸 알았다. '이재명표 3무 정책'은 일종의 연습이었다. 우호적인 기사를 쓰는 언론사에 홍보비와 광고비를 나눠주고, 기자한테는 한밤중에라도 직접 전화를 걸어 감사 인사를 하면 감읍한 기자는 다음에 더 좋은 기사를 써주고, 홍보비를 받은 언론사는 이재명 찬양가를 울린다는 사실을 알았다. 반면 비판적인 기사를 쓰면 게슈타포처럼 감시하고 있는 모니터링단의 보고를 받거나, 직접 검색해서 찾아보고 즉시 해당 언론사와 기자에게 전화를 걸어 기사를 삭제할 것을 요구하거나, 최소한 기사 수정을 관철시키고, 심지어 포털 사이트까지 손을 뻗쳐 기사를 삭제한다. 비판 기사를 쓰면 당연히 광고비와 홍보비에서 불이익을 준다. 그래서 이재명을 담당하는 기자들 사이에서는 이재명을 '총칼 안 든 전두환'이라고 부른다고 한다.

성남시장과 경기도지사라는 권력을 갖고 이 정도로 언론을 주물렀는데, 대통령이라는 권력에 더불어민주당의 압도적인 의석수까지 뒷받침하면 국민들을 세뇌시키는 건 일도 아니라고 생각할 가능성이 크다. 각 정부 부처는 물론이고 산하 기관, 각 연구소를 총동원하고 어마어마한 예산을 언론사에 퍼부어주면 기본소득 찬양가가 곳곳에서 울려 퍼질 것이다. 경기도 홍보 예산하고는 비교도 안 된다. 언론사 입장에서 기본소득에 퍼붓는 광고비와 홍보비는 회사 수익에 큰 도움이 될 테니 상부상조도 된다. 비판적인 논조로 기사를 쓰면 적폐언론으로 몰아 성남시장과 경기도지사 때처럼 광고비와 홍보비를 끊어버리면 그만이다.

## 기본소득 여론 조작

2021년 7월, 경기도 산하의 〈경기연구원〉이 기본소득에 대한 여론조사 결과를 발표했다. 기본소득 찬성 여론이 높다는 결과였다. 그렇다면 질문은 어떻게 했을까? 두 가지의 선택지를 제시했다. 월 20만 원을 지급하는 경우와 월 50만 원을 지급하는 경우다.

그 결과, '월 20만 원(연 240만 원)을 지급하는 경우' '대체로 찬성한다'는 응답이 51.1%, '매우 찬성한다'가 20.5%로 무려

71.5%가 찬성했다. 반대로, '대체로 반대한다(15.5%)'와 '매우 반대한다(6.6%)'는 22.1%에 불과했다.

'월 50만 원(연 600만 원)을 지급하는 경우'에 대해서는 월 20만 원에 비해서 찬성률이 낮아졌다. '대체로 찬성한다' 33.1%, '매우 찬성한다' 26.3%로 총 59.4%가 찬성했다. 반대는 총 34.6%였다.

두 가지 문제를 짚어보자. 먼저 이 여론조사는 사실상 '여론 조작'에 가깝다. 선택지 자체가 허상이다. 실제로 구현되는 방안이 아니라는 이야기다. 이재명이 그동안 제시한 기본소득은 단기적으로 '연 50만 원'(월 4만 원)이다. 월 50만 원이 아니다. 중기적으로 연 100만 원(월 8만 원)이다. 그리고 장기적으로는 증세를 통해 연 600만 원(월 50만 원)을 주겠다는 게 이재명의 기본소득이다.

여론조사 설문으로 가보자. 찬성률이 70%가 넘는 월 20만 원, 즉 연 240만 원은 이재명이 제시한 중기 100만 원보다 많은 금액이다. 문제는 판단에 필요한 정보를 생략했다는 점이다. 월 20만 원이면 현재 대한민국 인구를 5,000만 명으로만 계산해도 월 10조 원, 연 120조 원의 예산이 필요하다. 이는 2022년 대한민국 예산 607조 원의 20%다. 이 정보를 주고 조사를 하면 어떤 결과가 나올까?

그 답은 '월 50만 원을 지급하는 경우'에 대한 응답이 힌트를 주고 있다. 여론조사에 응한 시민들이 월 20만 원에 대해서는 70%가 넘게 찬성했지만, 월 50만 원에 대해서는 찬성률이 60%에 못 미쳤다. 이게 시사하는 바는 시민들이 자기들도 모르게 예산을 걱정했다는 이야기다. 월 20만 원은 걱정이 덜 되고, 월 50만 원은 걱정이 되어서 찬성률이 낮아진 것이다. 그렇다면, 소요되는 총예산 규모를 알려준다면 어떤 응답이 나올까?

## 유신정권을 연상케 하는 기본소득 홍보

이재명은 기본소득에 반대하는 국민들을 설득할 자신이 있다고 했다. 앞서 언급했듯이 정부의 전 부처와 산하기관이 갖고 있는 홍보 예산을 총동원해 언론사에 홍보비를 퍼붓고, TV와 라디오에 광고로 도배하고, 무슨 전문가라는 사람들이 연일 각종 매체에 나와 기본소득의 장점을 지속적으로 읊어대면 찬성 여론이 높게 나올 가능성이 크다. 아마 그렇게 될 것이다. 이재명의 각종 도덕성 문제를 반복해서 듣다가 아예 도덕성에 대해 무감각해지듯이, 좋은 이야기를 반복해서 들으면 나쁜 이야기는 모두 사라지고 없어진다. 당연히 찬성하게 된다.

이재명은 이미 시행하지도 않는 기본소득을 알리기 위해 2019년부터 2020년 8월까지 47억 원이 넘는 광고비를 지출했다. 기본소득과 아무런 관계도 없는 미국 〈타임〉지에 1억 원짜리 광고를 게재하기도 했다. 민주주의와 투명성은 비례해서 함께 간다. 비민주적인 국가로 갈수록 투명성은 낮아진다. 이재명의 경기도는 각종 홍보비는 물론이고 연월차 사용 내역, 연월차 사용 일수 계산을 위한 출퇴근 기록, 부인 김혜경의 관용차 사용 기록, 코로나-19 국면 경기도지사 공관 만찬 참석자 명단, 인사비리와 관련된 자료 등 공개하지 않은 정보가 한 둘이 아니다. 박근혜 정부도 이재명보다 불투명하지 않았다. 버티다가 다 내놨다.

 이재명은 끝까지 버틴다. 거대 여당이 바람막이를 해주기 때문이다. 더불어민주당은 '민주'를 떼야 마땅한 정당이 되었다. 경기도에서 시행하지도 않는 정책을, 그것도 미국 〈타임〉지와 〈CNN〉 등에 수억 원의 홍보비를 지출하면서까지 기본소득을 홍보했다. 이걸 이해한다면 정말 할 말이 없다. 이재명의 말대로 '국가에 돈이 없는 게 아니라 도둑놈이 많다'고 생각할 수밖에 없다. 투명하지 않은 정부는 절대로 민주적인 정부가 될 수 없다. 전 세계의 역사가 증명하고 있고, 지금 현재 전 세계의 비민주적, 반민주적인 국가들이 증명하고 있다.

# 초등학생, 중·고등학생 가리지 않고 기본소득 세뇌 교육

　이재명이 국민들을 설득할 자신이 있다는 말은 결코 빈말이 아니다. 이재명은 심지어 초등학생들을 대상으로 기본소득을 홍보했다. 〈경기도 어린이신문〉은 2020년 여름호에 기본소득 특집면을 제작해 '기본소득은 모두를 위한 것', '기본소득에 대한 논의가 필요한 시점' 등의 기사를 실었다. 이어 퀴즈 풀이를 통해 '소득이나 노동 여부에 무관하게 국민 모두에게 지급하는 소득'이라는 문항을 주고 '기본소득'을 답으로 쓰도록 유도했다. 가을호와 겨울호에도 기본소득 퀴즈는 이어졌다.

　이게 바로 세뇌다. 하물며 정부의 중요한 정책을 이런 식으로 어린이들 대상으로 홍보한 사례가 있는가? 이게 민주주의 국가에서 가능한 일인지 민주주의자를 자처하는 모든 사람에게 되묻고 싶다. 〈경기도 어린이신문〉의 발행인이 누굴까? 이재명이다. 발행 예산도 경기도가 전액 지원한다.

　앞서 이재명 지지자들인 성인들조차 기본소득이 먹을 것, 입을 것 걱정 없는 대동세상이라는 평등한 세상을 만들어줄 것이라는 믿음을 갖고 있는데, 어린 학생들을 대상으로 이 정도 홍보하는 걸 보니 박정희 정권 밑에서 〈국민교육헌장〉을 달달 외우고 다니던 장면이 떠오른다. 과연 얼마나 다른가?

# 국민교육헌장 외우고 다니던
# 유신정권 연상케 할 정도

상상해보자. 초등학교 1학년생이 "기본소득은 정말 좋은 정책이야. 이재명 후보를 지지하면 대한민국이 모두가 잘사는 나라가 될 거야"라는 말을 하면 어떨지.

심지어 『어린이를 위한 기본소득 이야기, 재명아! 기본소득이 뭐야?』라는 제목의 어린이용 책도 발간했다. 책 표지 하단에 '모두의 몫을 모두에게. 기본소득은 우리 모두의 권리', '코로나-19 기후 위기, 기본소득으로 이겨내자!', 'AI와 4차 산업혁명, 미래를 대비하는 기본소득'이라는 홍보 문구도 담겨있다.

어린이에게만 홍보했을 리 만무다. 중·고교생들에게도 당연히 홍보를 시도했다. 하지만 비판의식 없이 그냥 받아들일 수밖에 없는 어린이들과는 달리 중·고교생들한테는 '기본소득 아이디어 공모전'이라는 이름으로 상금을 내걸고 경기도 관내 중·고교에 공문을 보내 공모전 참여와 홍보를 요청했다. 마치 군사독재 시절 반공 포스터와 표어를 공모해 상을 주던 풍경이 겹쳐 보인다.

최소한 기본소득이 실행 중인 정책이기라도 하면, 약간이라도 이해할 여지는 있다. 하지만 실행하지도 않는 정책에 엄청난 홍보비를 투입하고, 외국 언론에까지 광고를 하고, 어린이와 학생들에게까지 홍보하는 행태는 정상적인 민주적 사고를 하는 시민이라면 두려움과 공포를 느낄 사안이다. 차라리 찬반양론을 소개하고 자율적인 토론과 토의를 유도하는 방식이었다면 칭찬을 했을 것이다. 그러나 이재명의 행태는 일방적인 기본소득 찬양 그 이상 이하도 아니다.

역대 그 어느 정권도 시행하지도 않는 정책에 이렇게 홍보비를 펑펑 쓴 것은 사례가 없다. 박정희, 전두환 정권도 이렇게는 안 했다. 장차 시행하기로 확정된 정책을 사전에 국민들에게 알리기 위해 홍보하는 경우는 있었지만, 시행하지도 않는 정책에 광고비와 홍보비를 쓰는 건 사실상 사전선거운동이고 현대판 고무신 선거, 막걸리 선거다.

대선이 끝난 뒤에 이 문제는 반드시 대책을 세워야 한다. 최소한 공직선거법에 관련 규정을 도입해야 한다. 그렇게 하지 않으면 예산이 풍족한 지방자치단체, 특히 광역단체장들이 너도나도 당장 시행하지도 않는 정책, 장차 대통령 선거에 나갔을 때 제시할 공약을 지자체 예산을 활용해 무차별적으로 홍보해도 막을 방법이 없다. 그럴 경우 예산 낭비는 어떻게 막을 것이며, 사실상 사전선거, 금권선거를 어떻게 방지할 수 있을까?

여기서 생각해보자. 아직 시행하지도 않는, 즉 우리 주머니에 당장 돈이 들어오는 것도 아니고, 장차 들어올지 말지도 모르는 기본소득 홍보비와 광고비는 누구를 위한 것인가? 경기도민의 이익과도, 대한민국 이익과도 무관하다. 오직 이재명의 이익을 위한 비용 지출이다. 세금을 이렇게 써도 되는 것인가?

# 현재 시행 중인 모든
# 복지정책이 기본소득으로
# 포장지가 바뀔 것

앞서 월 20만 원(연 240만 원)의 기본소득을 지급할 경우 월 10조 원, 연 120조 원의 예산이 필요하다고 언급한 바 있다. 이재명은 단기적으로 연 50만 원을 반기별로 25만 원씩 지급하겠다는 구상이다. 그러면 총예산은 연 25조 원 정도가 필요하다. 중기적으로 연 100만 원이면 연 50조 원, 장기적으로 월 50만 원이면 연 250조 원이 필요하다. 2022년 국가 총예산이 600조 원 수준이다.

이재명은 기존의 복지정책을 대체하지 않는다고 말한다. 과연 그럴까? 이재명은 이미 기존 복지정책을 포장지만 갈아서 기본소득으로 부르고 있다. '포장지 갈이'는 사기 판매의 고전적인 수법이다. 코로나 국면에서는 마스크도 포장지를 바꿔치기 해서 판매한 업자들이 다수 적발되기도 했다. 이재명의 기본소득은 '기본 포장지 갈이'라고 불러도 될 정도다. 일단 '청년배당'을 '청년기본소득'으로 부르는 것도 그렇고, 뒤에 설명할 농민기본소득도 마찬가지다.

# 문화예술인 지원 정책은 '문화예술인기본소득'으로 포장지 갈이

2021년 11월 이재명은 문화예술인들을 만나 이야기했다.

"창작 활동하는 사람들은 초기에는 대책 없이 그 자체를 즐기는데, 생계 수단이 못 돼 투잡(Two-job)을 해야 한다. 작품 활동을 전업으로 할 수 있는 환경을 만들어야 한다. 사실 큰돈은 안 든다. 건물을 짓고 GTX를 깔고 그런 것과 비교하면 웃기는 것인데, 성남에 있을 때 얘기를 많이 들었다. '한 달에 30만 원 주면 평생 내가 작품 활동을 하면서 행복하게 살겠다, 부자 될 생각이 없다'(는 얘기를 들었다.) 문화라는 것이 개인적인 취향이기도, 사회적 자산이기도 하다. 공적 기능을 인정해서 지원을 좀 해주자 해서 나름 이것저것 해봤는데 공간을 확보하니 역시 몇 명밖에 못 쓰더라."

여기서도 당장 기본소득 개념 파괴가 등장한다. 문화예술인은 어떻게 선별할 것인가? 누가 문화예술인인가? 문화예술인인지 아닌지를 어떻게 증명할 것인가? 기본소득은 선별하지 않는 게 가장 큰 특징이다. 그래서 이재명은 코로나 지원금을 놓고 홍남기 부총리가 선별지원을 고집한다며 선별하지 않고 전 국민에게 지원해야 한다고 입술이 닳도록 주장했다. 그 주장과 문화예술인에게 기본소득을 주겠다는 주장이 동시에 성립할 수 있는 이야기인가? 현재도 국가와 여러 지방자치단체는 물론이고 문화예술과 관련된 기관에서 각종 지원책을 내놓고 있다. 그냥 주지 않는다. 최소한 예술 활동을 증명해야 한다. 이게 선별이다. 이재명은 이걸 '문화예술인기본소득'으로 이름과 포장지만 바꿔서 내다 팔 사람이다.

한 가지만 더 짚고 가자. 월 30만 원이면 평생 작품 활동을 하면서 행복하게 살겠다고? 통계청에 따르면, 2021년 2분기 소득 하위 20%(1분위) 가구의 월평균 식비 지출은 24만 4,000원이다. 하루 1만 원이 채 안 된다. 월 30만 원이면 밥만 먹고 살 돈이다. 나머지 주거비며 의료비, 각종 통신비 등등은 어떻게 할 것인가? 기초생활수급 대상자들도 이것보다는 많이 받는다. 그럼 기초생활수급비는 또 중복해서 줄 건가? 청년기본소득도 중복해서 줄 건가? 하나만 줄 거 아닌가?

문제는 이재명이 제시한 기본소득을 보면 월 30만 원조차도 아주 먼 이야기다. 증세를 해야 가능한 액수다. 당장 단기적으로 연 50만 원(월 4만 2천 원)이다. 먼 훗날 월 30만 원을 준다고 치자. 물가는 가만히 있나? 하긴 이재명의 열혈 지지자이자 한때 이재명 대선 캠프에 몸담았던 최배근 건국대 경제학과 교수는 물가가 아무리 올라도 부자들은 자산가치가 떨어지니까 손해고, 없는 사람은 가진 게 없으니 손해가 아니라는 희한하고, 처음 들어보는 경제 논리를 말한 바 있다. 이재명도 기본적으로 돈을 마구 찍어내면 된다는 생각이어서 인플레이션으로 인한 실질소득 감소나 화폐가치 하락은 관심 밖이라 아무 생각이 없을 수도 있겠다는 생각을 해본다.

코로나 국면에서 돈이 많이 풀려서 이미 물가가 오르고 있다. 즉, 화폐가치가 떨어지고 있다는 이야기다. 인플레이션은 우리를 가난하게 만든다. 이런 사람들이 대한민국을 이끌어 가겠다는 게 지금의 대한민국 현실이다. 이명박과 박근혜를 포함해 역대 어느 정부도 이 정도 수준은 아니었다. 그런데 인플레이션 걱정도 안 하면서 돈을 마구 찍어내자는 사람이 거대 집권 여당 대통령 후보다. 대한민국이 망국의 문 앞에 서 있는 느낌이다.

## 농민기본소득

경기도는 2020년 10월부터 농민기본소득을 실시했다. 기본소득의 3대 기본원칙인 '충분성, 보편성, 무조건성'이라는 원칙은 여기에서도 적용되지 않는다. 기본소득 개념은 이재명이 멋대로 정하면 그만이다. 이재명은 "고전적 원칙에 연연해하지 않는다"라고 자신 있게 말한다. 언어를 파괴하고, 개념을 파괴한다.

경기도가 시행하는 농민기본소득은 농민 개인에게 시군 지역화폐로 매월 5만 원(연 60만 원), 또는 분기별로 15만 원을 지급하는 제도다. 포천·여주·안성·이천시와 연천·양평군 등 경기도 내 6개 시군에서 2021년 11월부터 지급을 시작했다. 그러면 누가 농민인가? 해당 지역에 거주한다고 모두 농민은 아닐 것이다. 농민임을 증명해야 한다. 벌써 기본소득의 원칙을 벗어나서 선별이 시작됐다.

(아니, 청년배당도, 문화예술인기본소득도, 농민기본소득도 전부 선별을 하고 있으면서 재난지원금을 선별지급하자는 당·정·청 합의는 왜 부득부득 내던지고 상위 12%까지 지급했는지, 왜 선별을 고집한다며 홍남기 부총리를 악마화하고 적폐 세력 취급했는지 다시 묻고 싶다.)

지금부터는 농민기본소득을 받을 수 있는 자격, 즉 선별 기준에 관해 이야기하겠다. 먼저 '지급 대상'은 최근 연속 3년 또는 누적 10년간 해당 시군에 주소를 두고 거주하면서 1년 이상 영농 행위를 한 농민이다. 여기서 끝이 아니다. 이 가운데 농업 이외에서 연간 종합소득이 3,700만 원 미만이라야 한다. 그 이상은 '농민이어도 못 받는다.' 기본소득 원칙은 그냥 무시하면 되고, 그냥 이재명이 기본소득이라고 부르면 기본소득인 거다.

문득 "내가 그의 이름을 불러주기 전에는/ 그는 다만/ 하나의 몸짓에 지나지 않았다./ 내가 그의 이름을 불러주었을 때/ 그는 나에게로 와서/ 꽃이 되었다"라는 김춘수 시인의 시 「꽃」이 생각난다. 이재명이 기본소득이라고 이름을 불러주면 그게 무엇이든 우리에게 와서 기본소득이 된다.

농민기본소득에 필요한 예산은 경기도와 해당 6개 시군이 절반씩 부담한다. 6개 시군은 총 352억 원의 관련 예산을 확보했다고 한다. 예산이 없는 지역은 추진하지 못한다. 지역 가리지 않고 지급해야 한다는 기본소득의 기본 원칙은 여기서도 가뿐히 무시한다. 그렇게 해서 2021년 4분기(10~12월) 지급 대상으로 확정한 인원은 총 8만 1,473명. 지역별로 ▲포천시 1만 1,342명 ▲여주시 1만 4,498명 ▲안성시 1만 6,590명 ▲이천시 1만 6,999명 ▲연천군 6,063명 ▲양평군 1만 5,981명이다. 농민이지만 조건에 해당되지 않는 농민은 못 받는다. 선별 중의 선별 정책이다.

농민기본소득은 2022년엔 17곳으로 늘릴 계획이라고 한다. 경기도 내 시군은 총 31곳이다. 14곳은 아직 언제 지급할지 모른다. 예산이 확보돼야 알 수 있다. 이재명이 상위 12% 부자들까지 재난지원금을 아득바득 지급하던 결기를 생각하면, 농민기본소득 지급에서는 그런 결기가 사라지고 없다. 주려면 다 줘야 이재명답지 않은가 말이다.

그런데 문제가 생겼다. 경기도의회 농정해양위원회에서 예산의 30%를 삭감해버렸다. 이렇게 되면 주기로 한 돈을 모두 줄 수 없게 된다. 왜 30%나 삭감했을까? 농민기본소득 예산을 확대하는 바람에 농기계 지원 예산 등 기존에 농민들에게 지원하던 사업비가 줄어버렸다. 이쪽 주머니에서 빼서 저쪽 주머니로, 조삼모사를 하는데 의회가 엎어버린 것이다.

문제는 또 있다. 이 사업에 참여하지 않는 시·군의 농민들은 농민기본소득도 못 받을뿐더러, 다른 농업사업 지원 기회마저 박탈당했다. 여기에 필요한 예산을 농민기본소득 예산으로 옮겼기 때문이다. 평생 보편적 복지국가 건설을 위해 살았던 제주대 이상이 교수가 이재명의 기본소득이 실시되면 반드시 기존 복지가 축소되거나 대체될 수밖에 없다고 주장했는데, 그 주장을 증명하는 사례다.

더불어민주당 소속 경기도의회 김철환(김포 3) 의원은 "농민기본소득을 하겠다고 다른 농업 정책 사업을 줄이면 오히려 역차별 문제가 발생할 수 있다. 농민기본소득에 참여하는 시·군의 농민들은 소득 보전을 받고, 참여하지 않는 시·군 농민들은 기본소득도 못 받고 기존 지원사업도 줄기 때문이다"라고 문제를 제기했다.

이런 현실에 아랑곳할 이재명이 아니다. '이재명, 한다면 한다'를 외쳤던 이재명 아닌가 말이다. 하기로 마음먹은 일은 무조건 해야 한다. 비판하거나 태클을 걸면 적폐 세력이고, 친일 세력이고, 독재의 후예들이고, 불의한 세력이고, 이재명을 죽이려는 거대한 음모 세력이 된다. 이재명은 농민기본소득 예산을 어떻게 확보하겠다는 것일까? 이재명의 말이다.

"농어촌 특별회계라고 해서 도로·교량 놓거나 축대 쌓으라고 나오는 예산이 있는데 사실 낭비 요소가 많다. 비료 살 때 모종 살 때 지원해주고 세금 면제해주고 유류대 면제해주고 이런 거 다 합치면 농가 1가구당 1,100만 원, 1,200만 원 정도 된다. 일부만 전환해도 농민 1인당 30만 원 정도는 가뿐하게 (지급)할 수 있다."

다시 말하지만, 1인당 30만 원 줄 테니 도로, 교량 건설, 축대 수리는 다 알아서 하고, 비료, 모종, 기름은 제값 주고 사라는 이야기다. 이게 조삼모사 아니면 무엇인가? 당장 내 주머니에 현금 30만 원 들어왔다고 헤벨레 하고 끝날 일인가? 이게 어디 농민기본소득만 그런 것 같은가? 기본소득은 무조건 증세를 해야 한다. 그게 몇 푼을 주든 증세를 하지 않고는 불가능하다. 가능한 방법은 바로 이쪽 주머니에서 빼서 저쪽 주머니로 옮기는 조삼모사 말고는 없다.

## '기초노령연금'은 '노인기본소득'으로, '아동수당'은 '아동기본소득'으로 포장지 갈이

이재명은 자신의 기본소득을 정당화하기 위해 박근혜도 끌어들였다.

> "대한민국에서 기본소득 정책을 가장 빨리 도입한 사람은 박근혜 전 대통령이다. 지난 대선 당시 공약으로 65세 이상에게 차별 없이 20만 원씩 지급하겠다고 했다. 이게 노인 기본소득이다. 아동수당 등을 전 국민으로 다 연결하면 전 국민 기본소득이 된다."

이재명은 손 안 대고 코 풀기에 들어갔다. 자신의 기본소득 공약은 정말 증세 없이 실현할 수 있다. 포장지만 바꾸면 된다. '기초노령연금'은 '노인기본소득'으로, '아동수당'은 '아동기본소득'으로 브랜드를 바꾸고 포장지 새로 디자인하면 증세 없이 공약을 실천하는 게 된다.

'조삼모사'와 '포장지 갈이'는 이재명 공약 실현의 '기본 속임수'다. 마치 야바위판 노름꾼을 보는 것 같지 않은가? 한순간의 눈속임으로 주머니를 털어가는 수법과 너무나 흡사하다. 야바위꾼은 손으로 하지만 이재명은 말로 한다. 너무 현란하고 변화무쌍하게 말이 바뀌어서 이재명이 무슨 말을 했는지 잘 알아채기 힘들다. 그냥 우리 주머니에 현찰 꽂아준다는 기본소득만 뇌리에 남는다. 아차, 현찰이 아니다. '지역사랑상품권'을 포장지 갈이한 '지역화폐'다.

돈 준다는데 싫은 사람 없다. 이재명이 파고드는 지점이다. 이재명은 성남시장 당선 이후 줄곧 시민을 조삼모사의 원숭이 취급했고, 지금도 그러고 있다. 이재명이 좋아하는 액수는 10만 원이다. 이렇게 저렇게 뿌린 돈이 주로 10만 원 단위다. 적당하게 돈 쓰고, 받는 사람은 기분 좋은 그런 액수 말이다. 이게 막걸리 선거, 고무신 선거가 아니면 뭐란 말인가.

## 제6장 '재난지원금'이 업적이라니

이재명의 기본소득과 관련해서는 '재난기본소득'(이것 역시 재난지원금을 포장지 갈이 한 용어다) 이야기를 빼놓을 수 없다. 이재명은 자신의 대표적 브랜드인 기본소득을 띄우기 위해 코로나 국면에서 재난지원금을 최대한 활용했다. 시작부터 끝까지 '보편지급'을 내세우며 '전 국민 지급'을 주장했다. 앞서 설명했던 각종 기본소득에 있어서 명확하게 드러난 선별은 가뿐하게 무시한다.

이재명에게 논리의 일관성이나 모순은 전혀 문제 되지 않는다. 포퓰리즘의 전형적인 특징이다. 그리고 포퓰리즘이라고 비판받으면 '실용주의'라는 브랜드를 입혀서 포장지 갈이를 한다.

(한국에서는 '실용주의'라는 단어를 '기회주의'로 바꾸면 어떤 사람의 말이나 글을 더 정확하게, 감추어진 본질까지 명확하게 파악할 수 있다.)

## 현란한 말 바꾸기

「30만 원이 없어 온 가족이 죽는 나라 … 그게 적은 금액인가」
「재난기본소득 없다면 가족 동반자살 반복될 수도」
「재난지원금, 불쌍한 사람 돕는 정책 아니다」
「재난지원금 선별지원, 부자 부담 증가 막는 교묘한 통합당 전략」

이게 한 사람 입에서 나온 말이다. 일가족이 생활고로 동반 자살한 사건이 발생하자 사회 약자를 보호해야 한다며 긴급재난지원금을 지급해야 한다고 주장한다.

2020년 4월 1차 긴급재난지원금을 지급할 때는 취약계층인 사회 약자에게 집중적으로 지원되는 선별지급이 아닌 국민 모두에게 균등하게 지급하는 방식을 주장하며 앞선 발언을 뒤집는다.

"월 30만 원이 없어 온 가족이 죽는 나라"라고 하더니 '재난지원금이 불쌍한 사람을 돕는 정책은 아니다'라며, 대놓고 취약계층에 집중적으로 지원하는 선별지급을 반대한다. 게다가 '재난지원금의 선별지급은 부자 부담 증가를 막는 교묘한 통합당 전략이다'라며 선별지원을 주장하는 사람을 미래통합당(현 국민의힘)에 동조하는 세력으로 몰아 부치며 악마화한다.

기본소득에 대해서 복지정책과 경제 활성화 정책을 오가며 변화무쌍한 언어를 구사한 것과 흡사하다. 이 책의 첫 장을 열었던 박근혜 탄핵 촛불집회 당시의 현란한 말 바꾸기와 뒤섞기를 하는 모습과도 동일하다.

이재명은 재난지원금 지급을 둘러싼 국면에서 자신을 부각하기 위해 끊임없이 정부를 때렸다. 시간이 갈수록 '선별=악, 보편=선'이 되었다. 더불어민주당 지지층에 홍남기 부총리는 적군이 파견한 트로이목마로 인식되었다. 직접 문재인 대통령을 치기에는 지지율이 높아서 건드리지 못하고 홍남기만 두들겨 팼다.

정부 관료 입장에서는 대놓고 반론을 펼치기도 힘들다. 홍남기는 사실상 무장해제, 즉 가드를 내린 상태에서 이재명과 그 지지자들, 그리고 더불어민주당이 휘두르는 주먹에 린치를 당했다. 행정부의 수반인 대통령은 '원팀론'에 이상이 생길까 봐 그저 홍남기가 올린 SNS 글을 공유하는 것으로 자신의 뜻을 대신했다. 대통령의 이런 행위는 홍남기를 보호하는 데 아무런 도움이 되지 못했다.

## 대한민국은 연방제 국가인가?

흔히 지방분권을 실현해야 한다고 말한다. 그러면서 일부에서는 법률적으로 근거도 없는 '지방정부'라는 표현을 쓴다. 대한민국은 좁은 국토 면적으로 일찍이 중앙집권 체제가 성립되어 현재에 이르고 있다. 지방 토호 세력이 존재하기는 했지만, 미국이나 독일 같은 별개의 국가처럼 존재하지 않았다. 우리나라는 연방제 국가가 아니다.

이재명은 재난지원금 지급을 둘러싼 국면에서 연방제 국가에서의 별개 국가처럼 행동했다. 동시에 경기도 산하의 시·군에서 정당한 권한 행사를 할라치면 감찰을 하고 불이익을 준다.

지방자치는 이재명 마음대로 할 수 있을 때라야 의미 있다. 집권 여당이 청와대, 정부와 협의해서 만든 안도 그냥 걷어차 버린다. 그 근거는 지방자치다. "지방자치 무시하지 말라"는 말에 담긴 의미는 "나 하고 싶은 대로 할 거니까 이래라저래라 하지 말라"는 말이다.

당·정·청이 선별지급으로 합의를 했음에도 나 홀로 100% 지급을 강행한다. 이에 대해 "매표 행위"라는 비판이 날아들자 "정부도 매표 행위"한 것이냐며 물귀신 작전을 펼친다. 그러면서 경기도의회를 없는 존재 취급한다. 당·정·청이 소득 하위 88%에 재난지원금 지급을 결정했을 때, 이재명은 경기도의회를 패싱하고, 즉 아무런 합의도 하지 않은 채 일방적으로 100% 지급을 선언했다. 이것이 이재명식 지방자치다.

## 부자 증세 떠들던 사람이 부자 차별 운운하는 기막힌 현실

한 가지만 짚고 가자. 이재명이 당·정·청 협의안을 무시하고 상위 12% 소득자에게도 재난지원금을 지급하겠다는 이유는 "부자들에게 세금 걷으려면 차별하지 말아야 한다"라는 논리였다. 부자들한테 더 뜯어내기 위해서는 주는 게 있어야 한다는 논리다. 이재명이 주는 돈을 받는 부자들이 그 속셈을 모를까? 부자 증세는 이재명의 소신이었다.

『꼬리를 잡아 몸통을 흔든다』(p.75)에서 이재명은 "물 한 통을 사 먹어도 삼성 이건희 회장이나 서민이나 똑같이 내게 되는 거예요. 그러니까 결국은 역차별이 오게 됩니다"라고 썼다. 이재명이 재벌이나 부자를 적대시해온 건 하루이틀 일이 아니다.

"국가 예산을 알뜰하게 써서 복지 예산을 늘리는 것 외에 복지 예산을 확대할 다른 방안을 갖고 있다. 즉, 재벌과 고소득자에 대한 증세. 영업이익 500억 원 이상인 대기업은 440여 개이며 이는 전체 기업의 0.08% 수준이다. 이들 대기업에 현재 부과하고 있는 법인세 20퍼센트를 30퍼센트로 인상하면 연 15조 원의 재원을 마련할 수 있다. … 또 10억 원 이상 고소득자 6,000명에 대해 최고세율을 50퍼센트로 올리면 2조 4,000억 원이 마련된다."

ー『이재명은 합니다』 p.223, 이재명 저

"부자에게 100만 원을 주면 곳간으로 들어가지만, 생활비가 절실한 사람들에게 주면 시장경제 활성화로 이어진다. … 이제부터는 서민 감세, 부자 증세 정책을 실시해 조세 부분에서 공정 기반을 확립해야 한다."

ー『이재명은 합니다』 p.224, 이재명 저

『이재명은 합니다』는 2017년에 펴낸 책이다. 그동안 생각이 바뀐 건가? 바뀌었다면 왜 바뀐 건가? 정치인은 말이 바뀔 때 이유를 설명해야 한다. 이재명이 툭하면 내놓는 변명은 "상황이 바뀌었다"는 말이다. 그렇다면 2017년과 그 이후에 부자들은 어떻게 상황이 바뀌었나? 이젠 재난지원금을 차별해서는 안 될 정도로 부자들의 부가 줄어들기라도 했나? 지표상으로는 코로나 국면에서 부의 양극화가 더 심해졌다는 이야기밖에 듣지 못했는데, 이재명은 대한민국 국민들이 모르는 정보라도 갖고 있나?

어떻게 상황이 바뀌었는지 모르겠지만, "부자들에게 주면 곳간으로 들어간다"라고 말하던 이재명은 홍남기가 같은 논리로 선별지원을 추진하자 쉴 새 없이 두들겨 팼다. 그리고 당·정·청 합의를 엎어버리고 경기도 예산으로 상위 12%에게 재난지원금을 지급했다. 이 돈은 순전히 경기도 예산이다. 쉽게 말하자면, 경기도의 상위 12% 부자들에게 준 돈은 그 돈을 받아본 적도 없는 하위 88%가 함께 갚아야 할 돈이다. 왜냐하면, 하위 88%가 받은 돈은 정부가 준 돈이고, 상위 12%가 받은 돈은 경기도 예산이기 때문이다. 서민들 주머니 털어서 부자들 곳간 채워줄 정도로 불평등한 사회가 되었나?

'억강부약'을 습관처럼 읊어대던 이재명과 그 지지자들, 그리고 더불어민주당은 양심이란 게 있는 사람들일까? 이들의 심리를 이해할 수 있는 유일한 방법은 '부자들한테 더 뜯어내기 위한 쇼를 하는 것'이라고 해석하는 것 말고는 없다. 억강부약을 주기도문처럼 외치던 이재명 지지자들이 상위 12%에게도 재난지원금을 주겠다는 이재명을 이해하는 유일한 길은 '부자들한테 더 많이 뜯어내기 위해 푼 돈 좀 쥐여주겠다는 영리한 작전'이라고 자기 합리화를 하는 것 말고는 없을 것이다. 세상 사람들을 정말 바보로 아는 사람들이다. 그 뻔한 속셈을 모를 거라고 생각하는 그 아둔함에는 그저 비웃음이 나올 뿐이다.

## '이재명식 실용주의'는 상황이 바뀌면 소신도 내다 버리는 '기회주의' 그 자체

이재명은 2020년부터 2년 동안 단 한 번도 선별지원에 찬성한 적이 없다. 그랬던 이재명이 소상공인 지원을 들고나왔다. 경쟁 상대인 국민의힘 윤석열이 50조 원을 편성해 소상공인을 집중적으로 지원하자는 방안을 들고나오자 평소 소신을 순식간에 뒤집고 찬성했다. 윤석열에게 주도권을 주지 않겠다는 판단에서 정공법으로 대응했는지는 모르겠지만, 최소한 정치인이 가져야 할 말의 신뢰는 땅에 떨어졌다. 하긴 이재명은 신뢰가 떨어지든 말든 신경도 안 쓰고 말을 수시로 바꾸는 사람이어서 말 바꾸기가 아주 쉬웠을지도 모른다. 그야말로 국민을 개돼지로 아는 행태라고밖에 볼 수 없다.

2020년 9월 2차 재난지원금을 지급할 때였다. 이때도 정부는 선별지급으로 방향을 잡았다. 그러자 이재명은 "문재인 정부와 민주당에 대한 원망이 불길처럼 퍼지고 있다"고 했다. 자기를 정당화하기 위해 타자를 악마화하는 수법은 이재명을 관통하는 키워드다.

이재명은 '기록'을 두려워하지 않는다. 말은 그냥 바꾸면 그만이기 때문이다. 악재를 더 큰 악재로 덮듯이, 말 바꾸기가 문제되면 또 다른 말 바꾸기로 덮어버린다. 하도 현란해서 이재명이 무슨 말을 했는지 종잡을 수 없게 만들어버린다. 그래서 이 책은 현란한 말 바꾸기조차 꼼꼼하게 기록하는 데 집중했다. 그러지 않으면 현란한 말의 함정에 빠져버리기 때문이다.

이재명은 서울 노원구를 방문해 오래된 아파트의 재건축을 과감하게 허용하겠다는 것과 용적률 500%를 운운했다. 부동산에 대해서도 이재명의 말은 수시로 바뀐다. 어디 부동산만 그런가? 검찰개혁, 언론개혁, 부동산 관련 세금, 조국 사태, 박근혜 사면, 박정희와 전두환 평가, 원전, 차별금지법 등등 말 바꾸기를 안 한 정책을 찾기가 더 힘들 지경이다. 이재명의 본모습은 무엇일까? '통일전선전술'이라는 틀로 들여다보면 보인다.

## 이재명의
## 통일전선전술

이재명은 2021년 11월 6일 더불어민주당 내에서 가장 극렬한 개혁지상주의자들, 문재인 정부 내내 적폐청산과 개혁을 외치고 다니던 조국 집회 세력이 주최한 토크콘서트에 출연해서 이렇게 말했다. 그 대화 내용을 보자.

> 이재명: "현실적이고 실용적인 접근이 중요하고 주의·주장도 좋지만 소위 중도층이라고 하는 합리적인 사람들을 설득해야 한다."
> 김민웅: "실용주의라 하니 가치논쟁을 가볍게 여기는 것은 아니냐."
> 이재명: "저는 우리 식구들이 믿어줄 거로 생각한다. 집안을 믿어주고 중원을 차지해야 이상과 가치 실현을 위한 힘도 얻게 된다."
> 김민웅: "권력자가 되면 초심을 잃을 수도 있지 않냐."
> 이재명: "결국은 말이 아니라 살아온 과정을 보고 판단하는 것이다. 최소한 권한을 가졌을 때 제 생각을 바꾸는 일은 없다."

"우리 식구들이 믿어줄 거로 생각한다"는 말은 통일전선전술을 대놓고 드러낸 대목이다. 이재명에게 중도층은 자신의 권력을 획득하기 위한 수단일 뿐이다. 즉, 권력을 얻기 위해 중도층 입맛에 맞는 이야기를 하는 것이니, 그리 알고 참아달라는 말이다. 평소 자신들이 알던 이재명과 다른 모습을 보이고, 다른 말을 하더라도 중도층을 꾀어내기 위한 술책이니 믿어달라는 말이다. 그런데도 '초심을 잃어버릴까 봐' 걱정을 하자 권력을 잡고 나면 원래 생각대로 가겠다고 말한다. 전형적인 통일전선전술이다. 이게 이재명이 정치인으로 승승장구한 본질적 토대다.

권력 획득을 위해 필요하면 비위를 맞춰서라도 내 편으로 만든 뒤, 자신한테 이익이 되지 않으면 언제든지 뒤도 돌아보지 않고 내다 버리고, 모르는 사람 취급하는 행태가 바로 그것이다. 중도층에 대한 이재명의 생각을 들어보자.

> "중도라는 개념은 보수언론이 만든 프레임의 산물이라는 생각이다. 대개 우리 사회를 진보와 보수로 나눈다. 우리 사회의 70~80퍼센트 이상이 특정한 제도, 예를 들면 고용정책, 조세정책, 소득재분배정책 등으로 피해를 보는 집단인데, 이것을 숨기려고 보수, 중도, 진보로 강제로 나눠서 프레임을 덮어씌운 인상이다. 여기서 벗어나야 한다고 생각한다. 보수와 진보, 그 사이에 있는 중도, 이것보다는 다수피해대중 대 소수기득권, 상식 대 비상식, 이런 식으로 정의롭게 이분하는 프레임을 만들어야 한다."
>
> ─『이재명의 굽은 팔』 p.128, 이재명 말하고 서해성 씀

이재명은 중도는 존재하지 않고, 보수언론의 프레임이 만든 산물이라고 말한다. 그런 이재명이 더불어민주당 대통령 후보가 되자 그간의 자기 입장을 모두 뒤집고 보수층 입맛에 맞는 말만 하고 다닌다. 이 정도에 이르면, 이젠 '실용주의의 탈을 쓴 기회주의를 넘어 수단과 방법을 가리지 않고 권력을 쥐겠다'는 수준에 다다른 것이다.

이재명은 과연 중도층을 속일 수 있을까? 프랑스혁명 당시 온건파를 몰아내고 혁명을 말아먹은 자코뱅당 같은 자들의 지지를 얻어 대통령 후보가 되고, 이제 대통령이 되기 위해 자코뱅당의 본얼굴을 감추고 온건파 행세를 하는 이재명을 중도층이 몰라볼까? 이재명이 세상을 속일 수 있을지 없을지 잘 지켜보기로 하자.

그동안은 중앙 무대에 비켜나 있어서 성남시와 경기도를 자기만의 왕국으로 만들어 언론을 쥐락펴락하며 손쉽게 세상을 속였는지 모르겠지만, 이젠 그렇게 호락호락하지는 않을 것이다.

## 외환보유고는 보여주기 위한 돈

코로나 사태가 터진 초기만 해도 이 사태가 어떻게 흘러갈지 가늠할 수 없는 상황이었다. 기축통화국인 미국과 일본은 대대적인 재난지원금을 지급했고 우리나라도 논의를 시작했다. 기축통화국이 아닌 우리 입장에서는 수출산업 동향, 외환시장 동향 등 예의주시해야 할 사안이 많았다.

IMF 외환위기를 겪었던 입장에서 외환을 걱정하는 건 당연한 일이었다. 그래서 2020년 3월 19일에 열린 비상경제회의에서는 한미통화스와프 이야기가 나왔다. 이 회의에서 이런 의견이 나왔다.

> "주가가 떨어지거나 안전자산인 달러 수요가 많다. 외환위기가 없다고 예단할 수 없다. 지금의 외환보유고 4천억 달러는 쓰기 위한 돈이 아니라 보여주는 돈이다. 이걸 쓰기 시작하면 외환위기가 걱정된다. 한미통화스와프가 외환의 안정판이니 달러 자금을 여하히 조달할지 실무적으로 미국 측과 접촉해야 한다."
>
> ─『승부사 문재인』 p.137~138, 강민석 저

이재명과 그 주변을 둘러싼 경제학자들은 재정을 마구 풀지 않는 정부를 비난했지만, 국정을 책임지는 위치에 있는 사람들은 그렇게 경솔하게 정책을 결정할 수는 없는 일이다. 그리고 이주열 한국은행 총재가 비밀리에 미국과 의견을 주고받았고, 전격적으로 한미통화스와프를 체결했다고 한다.

국가부채 걱정하지 말고 마구 돈을 찍어내야 한다는 이재명 부류가 정권을 잡으면 대한민국이라는 나라가 어떻게 될까? 그

동안 국민의힘 계열 정당은 민주당 계열 정당을 향해 늘 베네수엘라 이야기를 했다. 하지만 먹히지 않았다. 그런데 국가부채를 늘려도 된다는 이재명을 놓고 보면 베네수엘라 비유는 결코 간단하게 넘길 일은 아닌 듯하다.

과거 이재명과 함께 공부했던 김상조 청와대 정책실장은 '전 국민' 재난지원금에 완강한 반대 입장이었다고 한다. 재난지원금 지급이 한 번으로 끝날 일이 아니라고 봤기 때문이다. 청와대 홍보수석을 지낸 강민석의 증언이다.

> "김상조는 전 국민 현금 지급보다는 고용보험 등 실업 대책이 급선무라는 주장도 여러 차례 했다. 김 실장과 홍남기 경제부총리 등 재정 당국의 입장은 같았다. 나는 그(김상조)의 침대축구가 오히려 미더워 보였다. 재정 당국이나 청와대 정책실장이 먼저 나서 금고문을 열어젖힌다면 신뢰할 수 있는 금고지기일까. 환경부장관이 먼저 그린벨트 해제하자고 나설 순 없는 노릇 아닌가."
> 
> —『승부사 문재인』 p.151~152, 강민석 저

이재명은 과거에 이런 말을 했다. 이재명은 자기 자신을 잘 알고 있다.

"대중의 뇌리에 각인되어 있는 구태 정치인들의 일반적인 이미지가 바로 '전시행정의 달인들'이기도 하다. 전시 효과에만 골몰한 나머지 세금을 물 쓰듯 낭비해가며 실적 올리기에 혈안이 된 이런 정치인들을 우리는 사이비 정치인이라 부른다. 이들이 노리는 것은 당연히 다음 선거에서 표를 더 많이 얻는 것이다. 하지만 그 욕망이 지나간 자리에는 어김없이 부패와 무능의 잔해가 가득 쌓여 있다. 겉으로는 화려하고 거창해 보이지만, 속으로는 병이 들어 썩어가는 이 구태 정치의 대물림은 지금 이 순간에도 계속되고 있다."

—『이재명은 합니다』 p.172, 이재명 저

# 제7장
# 망상에 가까운 '기본주택'

기본주택은 이재명의 업적으로 볼 수 없다. 기본소득은 청년배당이라도 있지만 기본주택은 실체가 전혀 없기 때문이다. 더불어민주당 대통령 후보 경선 당시 '포장지 갈이'로 속이려다 박용진한테 들통이 난 사례가 있을 뿐이다. 그래서 간단하게만 살펴본다.

## 이재명의 기본주택은 부동산 판 대동세상

이재명은 기본주택에 대해 "무주택자라면 누구나 출퇴근하기 좋은 역세권에 적당한 임대료로, 럭셔리한 커뮤니티 시설들로 구성된 주택에서 평생 살 수 있도록 공급하겠다"라고 말한다. 좋은 말은 다 갖다 붙였다. 하나하나 살펴보자.

출퇴근하기 좋은 역세권은 한정되어 있다. 그래서 지금 현재 수많은 대한민국 국민들 상당수는 역세권이 아닌 동네에 살고 있다. 모든 동네가 역세권이 되지 않는 이상, 역세권은 늘 소수의 사람들이 거주하게 될 것이다. 그런데 이재명은 '무주택자라면 누구나' 역세권에 살 수 있다고 한다. 그것도 '적당한 임대료'로, 심지어 '럭셔리한 커뮤니티 시설로 구성된 주택'에서 말이다.
이게 가능한 일인가? 정말 세상 물정 모르는 사람 말고는 누가 이재명의 이런 말을 믿을 수 있을까? 역세권을 강남으로 바꿔보자. 누구나 강남에 살 수 있는가? 단순히 돈이 많고 적고의 문제가 아니다. 공간은 한정되어 있다. 그래서 입주 조건에 따라 부동산 가격이 다르다. 모두가 강남에 살아야 평등한 세상인 것도 아니고, 모두가 강남에 살 수도 없다. 마찬가지로 역세권도 한정된 공간이고 누구나 역세권에 살 수는 없다. 국민을 개돼지로 보지 않는 이상 이런 말을 아무렇지 않게 내뱉을 수는 없는 일이다.

더구나 이재명표 기본주택은 누구나 들어가서 살 수 있지 않다. 입주 자격을 갖춰야 한다. 자격심사를 거친다는 말이다. 이게 어떻게 누구나 들어가서 살 수 있는 주택인가? 국어를 이렇게 써도 되는 건가? 이재명의 자기중심적 사고, 즉 자기 이익의 사고는 언어 파괴도 아무렇지 않게 하는 원동력이다. 이게 '이재명의 힘'인지도 모른다. 거리낌 없이 개념을 파괴하고, 언어를 파괴하고, 논리를 파괴한다.

이재명은 또 "민주개혁국회와 함께할 새로운 부동산 정책의 방향과 그림은 경기도를 보면 알 수 있다"라며, "백 마디 말보다 늘 실적과 성과로 증명해왔기에 가능한 일이다. 국민의 주거 안정을 보장할 기본주택, 불로소득을 모두의 것으로 만들 '기본소득 국토보유세', 정책 신뢰를 회복할 '부동산 백지신탁제'까지 새로운 기준과 해법 또한 현실이 될 것"이라고 말한다.

새로운 부동산 정책의 방향과 그림은 경기도를 보면 알 수 있다고 하는데, 경기도가 도대체 무얼 보여줬는지 알 수가 없다.

홍보를 정말 열심히 하는 이재명이지만, 부동산과 관련해서는 눈에 띄게 홍보한 사례가 거의 없다. 국토보유세를 언급하고 있지만, 이것도 앞으로 이재명이 대통령이 되면 하겠다는 것이지 지금 실행 중인 정책도 아니다.

(국토보유세도 반대 목소리가 더 많이 나오자 '토지이익배당'으로 포장지 갈이를 했다. 국토보유세는 세금을 걷는다는 의미인데, 이걸 배당을 주는 의미로 바꾼 것이다. 전형적인 포장지 갈이일 뿐만 아니라 조삼모사라는 표현이 정확하게 들어맞는 사례라고 할 수 있다. 마치 거둬들인 세금을 100% 기본소득으로 되돌려준다는 조삼모사와 동일한 논리구조다.)

## 장수명 주택을
## 기본주택으로 둔갑시키다
## 박용진한테 들킨 이재명

이재명은 더불어민주당 대통령 후보 경선 토론회에서 박용진이 기본주택이 어디에 있냐고 질문하자 "남양주시 다산 지금지구 A3 블록에 518호의 기본주택이 들어설 예정으로, 주택 수명 100년을 목표로 한 '장수명 주택'으로 공급된다"라고 설명했다.

그러자 박용진은 "지금지구는 그냥 장수명 주택 시범단지일 뿐이고, (언제가 될지 모르지만) 나중에 기본주택이 도입되면 거기에 장수명 주택을 적용하겠다는 계획일 뿐이었다. 장수명 주택은 법적 정의가 따로 있다. 그게 기본주택이 된다고 우기면 안 된다. 장수명 주택이란 주택법 2조에 따라 '구조적으로 오랫동안 유지·관리될 수 있는 내구성을 갖추고 입주자 필요에 따라 내부 구조를 쉽게 변경할 수 있는 가변성과 수리 용이성 등이 우수한 주택'을 말한다. 이 사실을 다 아시면서도 그렇게 주장하시는 거라면 국민을 호도하시는 것이고, 보고를 잘못 받아 착각하신 것이라면 관련 직원을 엄히 징계하셔야 할 것 같다"라고 반박했다.

이 사안도 포장지 갈이의 사례가 될 만하다. 이재명이 하는 일은 늘 이런 식이다. 회사로 치면 남이 작성해둔 보고서 표지만 바꿔서 자기가 작성한 보고서처럼 결재를 올리는 셈이다. 더구나 포장지만 바꾸는 바람에 그 내용은 엉터리다. 도대체 '일 잘하는 이재명'은 어디에 있는가? 이재명의 업적이라고 하는 정책이 아직 많이 남았는데 '일 잘하는 이재명, 실력 있는 이재명, 실행력 있는 이재명'은 과연 있을까?

미리 결론부터 말하자면, 그런 건 없다. 실력 있는 이재명, 실행력 있는 이재명은 이재명이 만든 가상 세계에나 존재할지는 모르겠지만, 현실 세계에는 없다. 이재명은 아주 오래전부터 메타버스(Metaverse) 시대를 살았다.

기본소득도 그렇지만 기본주택 홍보비도 그냥 넘어갈 문제는 아니다. 홍보비 문제를 지적하자 이재명은 "공공임대주택에 대한 선입견을 불식시키고 기본주택 사업의 취지와 구체적 형태를 소개하기 위해 홍보관을 연 것을 두고 홍보만 앞세운다고 하는 것은 기본주택에 대한 이해 부족에서 비롯된 말씀이 아닐까 생각된다"라고 변명했다. 이재명은 자신을 비판하면 '이해가 부족하다', '공부해라'. '찾아봐라'라는 식으로 상대방을 공격하는 습성을 가졌다. 이재명은 민주주의자가 아니다.

## 유토피아를 꿈꾸는 건 자유지만, 국민들을 깔보지는 말아야 한다

이재명은 역세권에 매년 20만 호씩 5년 동안 100만 호의 기본주택을 짓겠다고 한다. 한 채당 33평형을 3억 원에 지어 월세 60만 원에 임대로 준다고 한다. 과연 가능한 일인가? 이재명은 뭐든지 가능하다고 하는데 유권자인 시민들은 따져봐야 한다. 우리가 사는 세상은 유토피아, 즉 현실에 존재하지 않는 나라가 아니기 때문이다.

먼저 공사비가 3억 원이라고 치자. 이 금액도 과연 가능한지 모르겠지만 그렇다고 치고, 100만 채면 300조 원이다. 1년에 60조 원이 필요하다. 면적으로 따지면 분당신도시 10개에 해당한다. 이렇게 넓은 역세권을 확보하려면 현재 존재하는 역세권 주변 땅을 다 사들여야 할 정도 아닌가? 역세권은 기본적으로 땅

값이 비싼데, 그러면 한 채당 3억 원에 건축이 가능한가? 단언컨대 불가능하다. 이게 가능하다면 역세권 땅값과 건축비를 제시해봐라. 절대 제시하지 못할 것이다.

땅값이 비싸면 이걸 극복할 수 있는 방법은 용적률 상향이다. 이재명은 서울 노원구에 가서 용적률 500%를 말한 바 있는데 역세권 기본주택도 용적률 500%다. 쉽게 말해서 초고층으로 건물을 올린다는 이야기다. 인터넷에 들어가서 용적률 500%로 건축하면 어떤 모습인지 찾아보라. 그야말로 닭장이다. 닭장이어도 상관은 없다. 이해할 수 있다.

자 그렇다면, 이재명은 왜 경기도지사로 재임하는 3년 동안 기본주택 한 채도 짓지 못했을까? 존재하지도 않는 기본주택 홍보하느라 경기도 예산은 펑펑 썼는데 왜 시범아파트 한 채도 없을까? 그냥 선거용으로 홍보만 하면 그만이기 때문이다. '존경하는 박근혜'라고 했다가 "존경하는 박근혜 했더니 진짜 존경하는 줄 알더라"라고 말한 것처럼 "누구나 역세권에 살 수 있는 기본주택 100만 호 짓는다고 했더니 진짜 짓는 줄 알더라"라고 하는 거 아닌가? 아침저녁으로 말이 바뀌는 사람이니 충분히 그러고도 남을 듯싶다.

이재명 지지자들에 의하면 '실력 있다는', '실행력 있다는' 이재명이 3년 동안 기본주택 한 채도 못 지었다면, 실력 있고, 실행력 있다는 말은 그저 돈 써서 홍보하는 데 실력 있고, 실행력 있다는 말이 아닐까 한다.

공약은 실행 가능한 이야기라야 한다. 유권자를 개돼지 취급하는 게 아니라면, 불가능한 이야기로 현혹해서는 안 된다. 그게 유권자에 대한 최소한의 예의가 아닐까?

# 제8장
## '일산대교' 강제 침탈과 '버스 준공영제'

이재명은 2021년 9월 8일 '일산대교 무료화'를 선언하면서 "도로는 엄연한 공공재", "일산대교 무료화는 국민 이동권 보장"이라는 명분을 내세웠다. 정당한 계약으로 합법적으로 영업을 하던 사기업의 재산이 경기도지사 권력으로 강탈당하는 순간이었다.

## 공공재는 공짜라는 의미가 아니다

이재명은 '공공재=공짜'라는 개념을 가진 듯하다. 엄연히 사유재산인 일산대교를 경기도지사의 권력을 앞세워 한순간에 자기 멋대로 무료화를 선언하는 행위가 그 증거다. 남의 식당에 가서 오늘부터 모든 메뉴는 공짜라고 선언해보라.

공공재는 공짜라는 의미가 아니다. 우리가 사용하고 있는 전기, 수도, 물도 전부 공공재이지만 비용을 지불하고 사용한다. 그럼 국도나 지방도는 왜 무료냐고? 국가가 거둬들인 세금으로 건설했기 때문이다. 심지어 고속도로는 국도에 해당하지만 유료다. 이재명의 논리대로라면 전국의 모든 고속도로도 무료화할 수 있다. 이재명이 대통령이 되면 전국의 고속도로를 무료화하고, 그러면 징수가 필요 없으니 톨게이트도 전부 철거하면 된다. 말이 된다고 생각하나? KTX는 어떤가? 그것도 국가가 재정을 투입해서 건설했다. 공항은? 항만 부두는? 이게 전부 공공재다. 전부 무료화하겠다고 공약하라.

## 일산대교 무료화 선언은 제2의 모라토리엄 선언

이재명의 일산대교 무료화 선언은 2010년 성남시 모라토리엄 선언과 본질적으로 같다. 행정의 신뢰성이다. 일산대교는 김대중 전 대통령 재임 당시 계획하고 노무현 전 대통령 임기 때 착공해서 이명박 전 대통령 취임 직후 준공됐다.

김대중 시절은 외환위기를 빼놓고는 이야기할 수 없다. 우리나라의 신용등급이 높지 않은 시절이다. 겨우 외환위기에 빠져나오자 LG카드 사태가 터져서 신용등급이 하락하면서 외환위기가 다시 올까 봐 걱정했고, 북한은 연일 미사일 발사 실험에 급기야 국제핵확산조약기구(NPT)를 탈퇴하는 등 한반도 정세도 불안했다. 그런 상황에서 국가에 돈이 없어서 민자를 유치해 지은 다리가 일산대교다.

처음부터 장사가 잘된 것도 아니다. 지금이야 김포에 아파트가 줄지어 들어서면서 인구가 많아졌지만, 초기에 일산대교는 이용하는 자동차가 많지 않아서 늘 적자였다. 그러다가 김포신도시가 커지면서 사정이 나아진 상황이다. 그래서 이젠 운영권을 빼앗아도 된다는 건가?

이재명은 심지어 이 과정에서 반법치주의적인 행태도 보였다. 일산대교 측이 이재명의 무료화 선언에 즉시 가처분을 신청했고, 법원은 이를 받아들였다. 그런데 이재명은 즉각 2차 조치를 내려 무료화를 강행한다. 이런 게 이재명식 실행력이라면 그것은 바로 독재로 가는 길이고, 이재명은 독재자의 면모를 가졌다고 평가할 수 있다.

성남시 모라토리엄 선언은 행정의 신뢰가 걸린 문제였다. 재정이 힘든 여타 지자체에서 이재명처럼 할 수 있지만 하지 않은 것은 성남시라는 하나의 기초자치단체의 문제가 아니라 국가적인 신용도 문제로 확대될 수 있기 때문이다. 다른 지자체에서도 성남시처럼 했다면 대한민국 신용도가 추락했을 수도 있는 상황이다. 이재명 혼자 빛내고 광내는 동안 다른 지자체장들은 책임감 하나로 이재명처럼 하지 않았다. 대표적으로, 그야말로 천문학적인 부채를 안고 있던 송영길의 인천시가 그랬다.

일산대교 사태도 본질적으로 국가의 신뢰 문제가 걸린 사안이다. 멀쩡한 사기업을 한순간에 국유화를 한 것이다. 베네수엘라의 차베스가 집권하자마자 민간 석유회사들, 특히 외국계 석유회사를 국유화 조치를 하고 외국자본이 썰물처럼 빠져나간 이후 베네수엘라 경제가 곤두박질쳤던 그 상황과 다를 바가 없다.

이재명처럼 하면 앞으로 민자사업을 유치할 때 누가 사업하겠다고 우리나라에 돈 들고 들어오겠는가? 그런 민자사업은 안 하면 된다고? 국가에서 다 지으면 된다고? 경제학 기초도 공부 안 한 이런 수준의 인식을 가진 사람이라면, 더더욱 대통령이라는 권력은 물론이고 성남시장, 경기도지사도 과분한 자리였다고 말할 수 있다.

다행히 대한민국의 신뢰는 법원이 지켜냈다. 이재명의 조치에 법원이 제동을 걸지 않았다면 그 파장이 어디까지 미칠지 알 수 없는 일이었다. 권력을 얻기 위해 수단과 방법을 가리지 않는다지만 국익까지 훼손할 정도면 그게 매국노지 뭐가 매국노겠는가?

## 이재명은 자신의 이익(득표)을 위해 국민 재산을 위태롭게 했다

이 사태의 또 다른 문제는 국민연금이다. 이재명은 국민들의 노후자금을 관리하는 국민연금을 상대로 돈 벌지 말고 나가라고 한 것이다. 이재명의 이익을 위해 국민연금에 가입한 국민들의 재산에 손을 댄 것이다. 그 과정 자체도 폭력적이었다. 최소한 협의는 해야 정상이다. 일반 사기업은 물론이고 국가조차도 어떤 계약을 변경하거나 해지, 해제할 때는 상대방과 협의를 한다. 일방적으로 계약이 만료되는 경우는 계약기간이 만료되는 상황,

정말 긴급한 상황 아니면 별로 없다. 일산대교 무료화가 협의할 필요도 없는 긴급한 사안이었나?

이재명은 평소 툭하면 '긴급명령', '현행범 체포', '전쟁'이라는 단어를 사용한다. 나름 단호한 결단력과 추진력을 돋보이게 하려고 수식어로 쓰고 있는 것으로 보인다. 그러나 대한민국은 힘들여 민주주의로 넘어왔다. 민주주의 사회는 더 이상 박정희식 결단력이니 추진력이니 하는 걸 필요로 하지 않는다. 발전된 민주주의 국가는 '대화와 타협'이 핵심이고 본질이다.

이재명은 일산대교 무료화를 통해 고양시와 김포시에 거주하는 주민들의 환심을 사려고 했다. 그걸 위해 전체 국민의 노후 재산을 관리하는 국민연금에 칼을 들이댔다. 기본적인 협의조차 하지 않았고, 법원이 제동을 걸자 곧바로 반발하고 강행했다. 민주주의자로서의 모습은 어디에도 없다.

박정희나 전두환을 닮고 싶으면 국민의힘이 훨씬 어울렸을 것이다. 아니다. 지금 더불어민주당은 국민의힘에 비해 비민주적이면 비민주적이지, 결코 민주적인 정당은 아니다. 지금의 더불어민주당은 이재명의 이런 독단적이고, 독선적인 행태에 아무런 비판도 하지 않고, 더 나아가 '이재명 학습', '전과 미화' 등 다양한 우상화 작업을 하고 있다. 더구나 기본소득 같은 정책에 관해 문제 제기를 하던 이상이 교수는 징계를 받고 끝내 탈당으로 내몰렸다. 이 교수 이외에 누구 하나 나서서 문제를 제기하지 않는 정당이니 충분히 박정희나 전두환 같은 지도자를 모실 자격을 갖췄다고 볼 수도 있다.

 국민연금에 담긴 국민의 재산을 강탈하는 상황에 대해 문제 제기는 커녕 해당 자치단체장들은 다음 선거를 위해 얄팍한 대중 정서에 영합하는 기회주의자들의 면모를 확실하게 보여주었다. 이들의 행태를 보면 더 이상 김대중, 노무현의 계보를 잇는 정당인지도 의문스럽다. 하긴 두 전직 대통령은 모두 기회주의자들에 의해 당에서 쫓겨나 탈당했으니 원래부터 아무런 상관이 없다고 보는 게 합당할지도 모르겠다.

 이재명은 일산대교 무료화에 대해 공공성과 교통기본권을 내세웠다. 이재명의 기본 인식에는 '공공=선, 민영=악'이라는 이분법적 선악관이 자리 잡고 있다. 그래서 보도블록 교체는 낭비성 사업으로 내몰리고, 도로나 교량 건설 등도 당연히 악의 축이다. 교통과 관련해 이재명의 남다름을 보여주는 정책이 버스 노선 입찰제다.

## 버스 노선은
## 공공이 소유권을
## 가져야 한다?

 "갈수록 공공의 부담은 커지는데 서비스는 열악해지고 있다. '버스 준공영제'가 대표적이다. 전국의 주요 민간 운송사업자들은 손해를 보면 메꿔 주기 때문에 땅 짚고 헤엄치는 사업을 하는 반면, 지방자치단체의 부담은 막대했다. … 경기도의 버스 운영 방식도 비슷했다. '수입금 공동 관리형 준공영제'라고 하며 민간 버스운송사업자가 노선 소유권과 운영권을 갖고 공공에서 적자를 지원하는 방식이다."

―『이재명의 싸움』 p.223

이재명은 경기도를 제외한 모든 지자체에서 채택하고 있는 버스 준공영제에 대해 '공공의 부담은 커지는데 서비스는 열악해지고 있다'고 말한다. 늘 이런 식이다. 그냥 자기가 하는 정책을 이야기하면 되는데, 자기와 다른 정책은 하자투성이 정책이다. 이재명 말대로 버스 준공영제가 그렇게 문제가 많은 정책이면 이재명과 같은 정당 소속인 고 박원순 전 서울시장, 박남춘 인천광역시장, 여타 자치단체장들은 왜 버스 준공영제를 그대로 유지했을까?

이재명 논리의 핵심은 "지방자치단체의 부담은 막대했다"는 표현에 담겨있다. 자기 자신을 위한 홍보비와 광고비는 펑펑 써도 아깝지 않지만, 보도블록 교체, 공공기관 건설 등 관급 공사에 들어가는 돈은 아껴야 할 대상이다. 관급 공사하는 업자들은 땅 짚고 헤엄치는 장사꾼들이고, 그러니 이 사람들의 이익은 최대한 줄여야 한다는 게 이재명의 생각이다. 그래서 단가 후려치기가 나온다. 버스 준공영제에 대한 이재명의 인식도 같은 맥락이다.

## 기존 버스
## 준공영제 현황

　준공영제는 수입금 관리형, 노선 관리형, 위탁 관리형이 있다. 울산을 제외한 서울, 부산 등 거의 모든 지방자치단체가 채택한 방식이 '수입금 관리형'이다. 위탁 관리형은 여러 지역에서 운영 중인 공영버스가 이에 해당한다. 이재명의 경기도가 2018년부터 채택한 방식은 노선 관리형과 위탁 관리형이 섞여 있다.
　각 모델에 따라 장단점은 존재한다. 종류와 관계없이 버스 준공영제는 시민들의 교통기본권 확보라는 목표를 갖고 있다. 버스 노선이 민영으로만 운영될 경우 발생하는 문제는 아주 다양하다. 가장 문제가 된 사례는 적자 노선, 즉 손님이 별로 없는 노선은 폐지되는 경우다. 버스가 다니지 않아 교통기본권이 침해되는 문제가 발생한다. 시장 경쟁이다 보니 적자회사는 망한다. 그러면 그 회사가 운행하던 노선에서 버스가 없어진다. 이 경우에도 시민들의 교통기본권이 침해된다. 그냥 시장 경쟁 논리로만 방치할 경우 인구가 많거나 유동 인구가 많은 노선은 버스가 넘쳐나는 반면, 유동 인구가 별로 없는 지역은 버스를 이용할 수 없는 사태가 발생한다. 그러면 해당 시도지사, 시장, 군수는 욕을 먹게 된다. 당연히 대책을 세울 수밖에 없다. 그래서 등장한 게 준공영제, 즉 정부와 지방자치단체에서 비용을 부담해서 버스 서비스 품질도 향상시키고, 적자 노선에도 버스가 배차되도록 하는 것이다.

 이런 문제의식 속에 새정치국민회의 소속 고건 전 서울시장이 2001년부터 적자 노선에 보조금을 지급하는 형태로 준공영제를 시작했다. 2002년 이명박이 서울시장에 당선된 후 준공영제를 제시했고, 2004년 수입금 관리형의 버스 준공영제를 처음으로 도입했다. 이명박은 동시에 버스 중앙차로제를 도입했는데, 둘 다 대한민국 표준 모델이 됐다. 경기도도 2018년 이재명이 도지사로 취임하기 전 남경필이 수입금 관리형을 도입하려고 했다. 이 방식은 버스 업체의 노선 운영권을 인정해주고, 다만 노선의 수입금을 정부나 지방자치단체에서 관리하고 다양한 요금 요소를 반영해 버스 업체에 수익금을 배분해주는 방식이다. 지자체가 버스 노선을 전반적으로 관리하기 때문에 '공영'이지만 버스 업체는 여전히 민간회사이기 때문에 '준공영제'라고 한다.

 이 제도의 도입으로 우리나라 버스 운영은 전반적으로 품질이 향상됐다. 이건 버스를 이용하는 사람들이 직접 체감할 수 있는 내용이다. 과거에는 불친절하거나 난폭한 운전을 하는 버스 기사 문제, 지저분한 청결 상태, 정류장을 그냥 지나치는 문제, 배차 간격이 일정하지 않거나 버스 업체 부도로 노선이 갑자기 사라져서 해당 노선의 시민들이 불편을 겪는 문제 등 총체적으로 문제 투성이였다. 언론 기사의 단골 소재이기도 했다. 그러던 버스가 준공영제 도입 이후 눈에 띄게 달라졌다. 수익이 나지 않는다고 아무도 운행하지 않던 적자 노선에도 버스가 다니게 됐다. 과거에 존재했던 많은 문제가 완벽하지는 않지만, 상당 부분 해결됐다. 이명박 방식의 준공영제는 서울로 출퇴근하는 수도권 시민들의 무료 환승이나 통합요금제를 운용하는 데도 도움이 됐다.

물론 문제점도 생겼다. 국가와 지자체 재정으로 적자를 보전하는 구조여서 해마다 재정 부담이 증가하고, 시장경쟁에서 벗어난 버스 회사들이 돈 빼먹을 궁리를 하는 등의 문제다. 이재명이 문제의식을 갖는 지점이다. 이런 문제의식은 타당하다. 그렇다고 해서 지난 세월 시민들의 교통기본권을 확충하는 데 기여한 점은 쏙 빼놓고 문제투성이인 듯이 몰아가서는 안 된다.

여기서 잠깐 인구가 소멸되어 가는 농촌 지역을 보자. 과거에는 한 시간에 한 대 다니던 버스가 이제는 하루 두 번 다니는 경우도 있다. 그나마 이것도 버스 준공영제를 하지 않았다면, 즉 지자체에서 세금으로 보조하지 않으면 버스가 다니지 않게 됐을 것이다. 그럼에도 불구하고 도저히 버스를 운행하기 힘든 마을도 있다. 이 경우 노선을 폐지할 수밖에 없다. 그래서 생겨난 게 2004년 당시 이낙연 전라남도 도시자가 도입한 100원 택시다. 버스조차 다니지 않는 마을의 노인분들이 100원만 내면 택시를 이용할 수 있게 하는 것이다. 당연히 지자체에서 비용을 내준다. 이재명 시각에서는 택시 업체가 앉아서 떼돈 번다고 생각할지도 모르겠지만 말이다. 100원 택시는 여러 농촌 지자체에서도 시행하고 있고, 외신에서 비중 있게 다루기도 했다.

이재명은 자신이 도입한 새로운 준공영제를 뽐내기 위해 기존의 수입금 관리형 버스 준공영제가 15년의 세월 동안 대중교통 문화를 개선시켜온 긍정적인 면을 깡그리 무시해 버리고 문제투성이로 만들어버렸다. 이재명의 주특기인 악마화의 한 사례라고 할 수 있다. 자신의 핵심 공약인 기본소득을 밀기 위해 재난지원금을 지급하지 않으면 금방 굶어 죽을 것처럼, 대한민국을 1950년대의 가난한 나라로 묘사하는 것과 같은 맥락이다.

## 이재명이 도입한 노선 관리형 버스 준공영제의 본질

2018년 이재명이 경기도에 도입한 노선 관리형은 세계적인 준공영제 방식이다. 이 방식은 버스 노선을 지방자치단체에서 소유하고 일정 기간마다 노선을 입찰에 부쳐서 운영사를 정하는 방식이다. 총수입금과 원가의 차액을 보장하는 '최저보조금 입찰제'와 총운송원가만 보장하는 '총비용 입찰제'가 있다. 이재명이 노선 입찰제와 함께 추진하는 '위탁 관리형'은 사실상 국가나 지자체에서 운영하는 방식이라고 볼 수 있다. 이재명이 '공공버스'라고 이름을 붙인 모델이다. 수요가 부족한 노선에도 버스를 운행할 수 있어서 교통기본권을 보장하는 역할을 한다. 이재명이 추진하는 준공영제 방식도 그래서 많은 장점을 갖고 있다.

결국, 국가나 지자체가 부담하는 세금 규모가 작을수록 시장경제 논리가 작동하기 마련이다. 즉, 개입을 많이 할수록 세금이 더 많이 들어가고, 개입이 적을수록 세금을 아낄 수 있다. 문제는 시민들의 편의성이다. 세금의 수혜자는 버스 업체가 아니라 최종적으로 시민들이기 때문이다. 이재명의 노선 입찰제 방식보다는 이명박 방식에 세금이 더 많이 들어간다. 그래서 이재명 방식의 최고 장점은 예산 절감이다. 이재명이 전국 대다수 지자체와 달리 이 방식을 도입한 이유가 바로 세금 절약이다. 정부를 향해서는 국가부채 걱정하지 말고 재난지원금 펑펑 쓰자고 하던 사람이, 성남시장과 경기도지사 시절에는 세금 아껴 쓴다고 최저가 낙찰, 즉 단가 후려치기를 아주 좋아했다.

이재명은 기존 버스 업체들이 땅 짚고 헤엄치고 있다고 비난한다. 물론 완전히 틀린 말은 아니다. 분명히 문제가 있다. 그런데도 왜 전국의 대부분 지자체가 이명박 방식을 도입했을까? 세금이 지출되더라도 시민들의 불편을 덜어주기 위해서다. 세금으로 이익을 얻는 건 최종적으로 시민들이다. 이재명은 이것도 세금 낭비라고 생각한다. 성남시립의료원 건설에서 '토건족'(이재명과 그 지지자들, 다수의 더불어민주당 지지자들은 건설사를 주로 토건족이라고 부른다)들의 이익을 최소화하기 위해 사실상 최저가 입찰을 했다가 건설사 두 군데가 법정관리에 들어가고 예정보다 3년이나 늦게 병원이 완공된 사례와 같은 맥락이다. 이재명 방식은 장점에도 불구하고, 결국 시민들의 불편을 초래했다.

뒤에서 자세히 살펴보기로 한다.

결론은 이거다. 이재명의 방식도 장점이 많다는 것, 그리고 기존 방식이 무조건 나쁜 건 아니라는 것이다. 어느 방식이 더 낫다고 평가할 수 없다. 단 하나의 정답은 존재하지 않는다. 선악의 문제도 아니고, 옳고 그름의 문제도 아니다. 하지만 이재명은 모든 사안을 선악, 옳고 그름의 대결로 만든다. 남경필 전 경기도지사와 2018년 지방선거를 앞두고 벌인 논쟁이 대표적이다.

## 선악 대결로 몰아간 이재명

2017년 7월 경부고속도로에서 광역버스 운전사가 졸음운전으로 승용차를 덮치는 사고로 사망사고가 발생하는 등 사회적 문제가 됐다. 이 문제는 버스 운영 방식에 대한 논쟁으로 번졌는데, 그 시작은 이재명이었다. 이재명의 주장이 모두 옳은 것도, 모두 그른 것도 아니다. 교통 전문가들은 버스 운영 방식에 관한 하나의 정답은 없다고 한다.

문제는 논쟁 방식이다. 이재명은 기존의 준공영제를 비판하면서 "장시간 노동에 따른 사고위험을 이유로 지원하려면 회사에 퍼줄 것이 아니라 버스 노동자의 노동시간을 줄이고 처우개선비를 노동자에게 직접 지급하면 새 일자리 창출까지 됩니다"라고 말한다. 일견 맞는 말이다. 버스 회사에 주지 말고 버스 운전기사한테 직접 돈을 주면 좋을 것이다. 그런데 가능한가? 경기도가 버스 기사를 직접 채용하지 않는 이상 버스 기사한테 직접 주는 방법은 없다. 그러려면 경기도 내 버스 업체를 모두 경기도에서 사들여서 직접 운영하면 가능해진다.

그래서 이재명이 도입한 방식이 공공버스다. 사실상 경기도가 운영 주체가 되고, 버스 업체는 노선을 위탁받아서 운행하는 방식이다. 공공버스는 교통기본권에 충실한 제도다. 하지만 이재명이 기존 방식의 준공영제를 비판하는 문제는 공공버스에서도 나타난다. 즉, 적자를 세금으로 메꿔주는 문제다. 세금 낭비의 문제점이 지적된다.

이재명은 또 "경기도는 장시간 노동을 핑계로 기존 버스회사에 영구적으로 적자 보전뿐 아니라 이익 보장까지 해주는 소위 '영생흑자기업'을 만들어 주고 있습니다"라고 말한다. '영생흑자기업'은 전국의 모든 버스 업체에 해당하는 말이기도 하다. 앞서 말했듯이 2004년 이전, 특히 1990년대까지의 버스 운영은 그야말로 문제점이 하나둘이 아니어서 총체적으로 하자투성이였다. 그 피해는 시민들에게 돌아간다. 그래서 시민들의 불편을 해소하기 위해 준공영제를 도입했고, 버스 업체들은 강제로 '영생흑자기업'이 됐다. 망하는 버스 업체가 나오기 위해서는 어떻게 해야 할까? 시장경제논리 도입이다. 준공영제 이전으로 돌아가는 것이다. 그렇다면, 망하는 버스 업체가 나오도록 준공영제 이전으로 되돌아가야 하나? 물론 아닐 것이다. 이재명은 자신이 추진하는 준공영제를 유일한 답으로 말한다.

이재명의 논리는 낯설지 않다. 바로 공기업 민영화 논쟁에서 가장 많이 등장하는 논리다. KT가 민영화된 것도 경쟁체제 도입이라는 논리에서 시작됐고, 한국전력과 여러 자회사들이 민영화된 것도 그렇다. 공기업은 적자가 나도 망하지 않는다. 이재명이 말하는 '영생흑자기업'이다. 적자가 나도 세금이 지원되기 때문에 절대 망할 일이 없다. 왜 그런가? 공공성 때문이다. 버스 업체들이 흑자노선만 돌리고 적자노선은 폐쇄하는, 그야말로 약육강식의 시장논리로 운영하는 바람에 이재명이 일산대교 국유화를 선언하며 들먹였던 시민들의 교통기본권이 침해되었고, 그 교통기본권을 보장하기 위해 도입한 게 준공영제다. 흑자가 나면 세금을 지원하지 않아도 되고, 적자가 나면 그 만큼 세금을 지원하는 방식이다. 그러니 버스 업체들은 망할 일이 없다. 그렇다고 이재명이 '영생흑자기업'이라는 표현에 직접 표현하지 않고 뉘앙스로만 깔아놓은 '엄청난 이익'을 가져가는 것도 아니다.

물론 남경필의 주장이 모두 옳다는 것도 아니다. 왜 문제가 없었겠는가? 더구나 남경필은 그 부모가 수원에서 버스 업체를 소유했으니 이해당사자라고 할 수 있다. 당연히 비판받을 소지가 있다. 그렇다고 곧장 '특혜행정'이라고 매도하고, 나아가 남경필의 지시를 받아 업무를 수행하는 공무원들을 향해 "상사의 지시라도 위법 부당한 지시는 거부해야 하며 위법 부당한 업무를 그

대로 시행하면 엄중한 책임이 따른다는 사실도 명심해야 할 것"이라고 말하는 건 거의 협박 수준이라고 할 수 있다.

남경필이 반발하는 것은 당연하다. 위에 언급한 표현들은 악마화 그 자체였다. 정상적인 토론도 아니고, 적절한 논쟁 방식도 아니다.

(이재명과 그 지지자들의 주요 논쟁 방식이 논쟁 당사자를 악마화하는 것이다.)

그래서 남경필은 "그렇다면 서울시 박원순 시장을 비롯해 준공영제를 운영하고 있는 모든 지자체가 버스회사의 영생이익에 복무하고 있다는 얘기입니까? 이 전 시장님 혼자서만 그렇게 주장하고 있습니다"라고 반박했다. 남경필의 주장은 사실이었다. 심지어 경기도에서도 남경필 방안에 도민 70% 이상이 찬성했고, 지자체 중에서는 성남시와 최성 전 시장의 고양시가 반대했다. 더불어민주당 소속 제종길 안산시장도 남경필 방안에 찬성했다. 같은 당 소속 염태영 시장도 당초 찬성이었다가 표준원가산정 방식 공개 여부를 놓고 경기도와 갈등이 생겨 반대로 돌아섰다.

남경필은 이재명의 주특기인 말 바꾸기도 지적한다.

"준공영제 하지 말고 완전공영제 하자던 주장은 왜 더 안 하십니까? 버스 준공영제는 민주당의 2016년 총선 공약집에도 있는 내용입니다. 최근 민주당 경기도지사 후보 간에 토론 제안이 있는 것으로 압니다. 이 문제까지 포함해 당내 토론 거쳐 민주당의 안을 가져오십시오. 언제든 공개 토론하겠습니다. 아무리 설명해도 본인 주장만 반복하는 분과 토론이 될지 의문입니다만….”

그렇다. 버스 준공영제는 더불어민주당의 총선 공약이었다. 그래서 당내 경쟁자였던 전해철도 버스 준공영제를 세금을 낭비하는 버스 업체 편향적인 정책인 것처럼 몰아가는 이재명을 비판했다.

## 이재명이 비판하는 기존 준공영제의 문제점, 이재명이 추진한 공공버스도 동일

지난 2021년 8월 〈경인일보〉 보도에 따르면, 경기도 버스 준공영제 시범노선인 의왕~양재역 구간 광역버스가 운행 6개월간 8억 원 이상의 적자를 냈다고 한다. 신규 노선인 데다 코로나-19의 여파로 2022년에는 20억 원의 적자가 예상된다고 한다. 의왕시에 따르면, 지난 3월 17일 운행을 시작한 G3900번 버스의 승차 인원은 8월까지 4만 7,600여 명이다. 평일 평균은 350명으로, 버스 한 대당 10명이 채 이용하지 않았다고 한다. 이 문제를 어떻게 해결할 것인가? 그냥 코로나가 잠잠해지면 해결되는가?

　승객이 줄면서 수지 타산이 맞지 않는 업체가 늘면서 공공버스로 전환하는 사례가 늘어나고 있다. 공공버스로 전환하면 사실상 경기도가 직접 관리하게 된다. 버스 기사 월급도 경기도가 책정한다. 그래서 공공버스 운전기사들이 임금 인상을 요구하며 파업하기도 했다. 지난해 8월에는 이재명을 상대로 부당노동행위로 진정서를 제출하기도 했다. 도가 단체교섭에 참여해야 한다는 노조 측의 주장은 공공버스 운행에 관한 경기도 조례와 공공버스 운영지침에 근거한다. 지침에는 '운송원가 결정 권한과 인건비 결정 권한이 도지사에게 있다'라고 명시돼 있다. 이에 따라 노조는 경기도지사가 근로조건의 결정권을 지닌 노조법상 사용자의 위치라는 입장이다.

　현재 경기도 공공버스 운전기사의 임금은 서울시에 비해 현저히 낮은 수준이라고 한다. 경기도는 버스 기사 임금 가이드라인만 제시할 뿐 업체가 협상할 일이라고 떠넘긴다. 경기도는 언제든지 파업이 발생해도 이상하지 않은 상황에 처했다.

　또한, 적자 노선이 늘면서 공공버스로 전환하면, 결국 경기도도 서울시나 인천시 등 여타 지자체처럼 세금으로 적자를 메꿔야 한다. 이재명이 이명박식 '비용 관리형' 준공영제를 비판했는데, 이재명이 추진하고 있는 공공버스에 그대로 재현되고 있다. 예산을 낭비하고 있다는 비판이 나오고 있는 것이다.

## 이재명 방식 도입 이후 경기도만
## 버스비가 올랐다

　결국, 남는 것은 행정의 결과물이다. 결론적으로, 경기도만 버스비가 올랐다. 왜 올랐을까? 정부가 주 52시간 근무제를 도입한 여파다. 문제는 서울시와 인천시는 버스비를 올리지 않았지만, 경기도는 버스비를 올렸다. 방식의 차이 때문이다. 서울시는 이명박이 준공영제를 도입한 이후 박원순 시장 재임 10년 동안 준공영제를 넘어 거의 공영제 수준에 이르렀다. 사실상 서울시가 버스 업체를 운영한다고 봐도 무방하다. 즉, 버스 기사들은 소속 회사가 달라도 거의 공무원처럼 근무하고 있다. 대우도 가장 좋다. 그만큼 서비스도 좋아서 버스 기사나 승객 모두 만족도가 높다. 대신 세금이 더 많이 들어간다. 이재명 관점에서는 참을 수 없는 '영생흑자기업'들이 즐비한 상황인 셈이다. 인천시는 서울 수준은 아니지만, 역시 시에서 비용을 관리하고 있어서 주 52시간 근무제가 도입되더라도 당장 요금을 올려야 할 상황은 아니라고 입장을 밝혔다.

　그럼 왜 경기도만 문제가 됐을까? 주 52시간 근무제가 도입되면 버스 업체 입장에서는 버스 기사를 더 채용해야 하는 문제가 발생한다. 기존에 10명이 주 60시간을 운행했다고 치면, 총 600시간을 운행했다. 그런데 주 52시간 운행이 강제되면서 버스 기사 10명이 주 520시간밖에 운행하지 못한다. 나머지 80시간을 채우려면, 버스 기사를 추가로 채용해야 한다. 그만큼 버스 회사는 비용이 더 들어가게 된다. 요금 인상 요인이 생긴 것이다. 서울과 인천은 지자체에서 비용을 관리하기 때문에 부족한 만큼 버스 기사를 더 채용하면 그만이다. 그만큼 세금은 더 들어가겠지만 말이다. 그런데 경기도의 방식은 세금을 투입해도 대처할 수 없는 방식이다. 결국, 경기도는 시내버스 200원, 광역버스 400원이나 인상했다.

이재명은 어떻게 변명했을까? 경기도청 미래성장정책관 임문영 씨가 쓴 책에서는 이렇게 말한다.

> "경기도는 세금 낭비가 큰 준공영제를 반대해왔기 때문에 이런 경우 난감한 상황이 됐다. 국토교통부는 버스 요금을 조기에 인상하라고 독촉했다. 대신 지방정부가 70%의 비용을 부담하고 있던 광역버스 업무를 국가사무로 전환하기로 했다. 경기도는 5월 14일 총파업 하루 전날 시내버스는 200원, 직행 좌석버스는 400원을 인상했다. 파업은 유보됐다. … 국민의 세금으로 버스회사를 보전해주는 것이나 승객들에게 요금을 더 내라고 하는 것이나, 결국 국민의 부담이 커지는 것은 마찬가지다. … 국가사무로 바뀐 후에도 광역버스의 비용 절반을 경기도가 계속 부담하라고 한 것이다. … 경기도는 양보하고 받아들였다. 그런데 이번에는 예산독점권을 가진 기획재정부가 나서서 절반이 아니라 기존처럼 지방정부

가 70%를 부담하라고 나왔다."

─『이재명의 싸움』 p.225~226, 임문영 저

'세금 낭비'라는 인식이 모든 문제의 출발이다. 그 세금 낭비로 인해 최종적으로 혜택을 받는 사람은 누구인가? 이재명은 버스 업체라고 생각한다. 하지만 최종 수익자는 버스를 이용하는 시민들이다.

"국민의 세금으로 버스회사를 보전해주는 것이나 승객들에게 요금을 더 내라고 하는 것이나, 결국 국민의 부담이 커지는 것은 마찬가지다"라고 인식하는 부분은 심각한 문제다. 둘은 결코 같지 않다. '국민의 세금=버스비 내는 승객'이라고 생각하는 모양인데 둘은 다르다. 세금은 기업과 개인 모두를 대상으로 징수한다. 그중에서도 누진세 때문에 돈 많이 버는 기업들, 연봉이 높은 고소득자들이 절대적으로 많은 세금을 낸다. 더구나 버스를 이용하지 않고 자가용을 이용하는 사람들의 세금도 들어가 있다. 버스와 지하철은 주로 서민들의 발이라고 말한다. 그 서민들의 요금 부담을 줄이기 위해 세금이 투입되고 있다. 이재명이 편견으로 갖고 있듯이 버스 업자들 배 불리기 위해서가 아니다. 그래서 서울시와 인천시는 주 52시간 근무제를 시행해도 충분히 대비할 수 있었다.

경기도는 아닌 말로 난리가 난 상황이었다. 버스비 인상 말고는 방법이 없었기 때문이다. 허구한 날 '도덕성은 개판이지만 일은 잘한다'는 이미지로 먹고살았는데 버스비가 인상되면? 더구나 서울시와 인천시는 오르지 않았는데 경기도만 오르면, 보통 큰일이 아니다. 경기도가 버스비를 인상할 수밖에 없는 이유는 이재명이 준공영제의 수혜자를 버스 업체로 인식하는 편견 때문이고, 그래서 새롭게 채택한 노선 입찰제가 시장경제논리에 더 가깝기 때문이다. 버스비 인상은 시장경제논리의 필연적 결과물이다.

타 시·도와는 달리 버스비가 오른 경기도민들은 당연히 불만을 가질 수밖에 없다. 그래서 이재명은 불만을 일부라도 잠재우기 위해 '청소년 교통비 지원 사업'을 도입했다. 이것은 만 23세까지는 인상된 만큼 더 낸 버스비를 1년 최대 10만 원을 지역화폐로 환급해주는 것이다. 그러면서 이것도 업적으로 추가했다.


## 버스비 인상 책임 떠넘기기

그러나 이재명은 당황하지 않는다. 주특기를 발휘하면 된다. 책임 떠넘기기다. 이재명 입장에서 버스비 인상의 주범이 누구일까? 바로 주 52시간제를 도입한 정부다. 버스비를 인상한 데 대해 비판이 나오자 SNS에 글을 올려 "주 52시간 정착 때문에 요금 올려달라는 중앙정부의 간곡한 요구에 따른 것이니 저주는 중앙정부에 먼저 해주시기 바랍니다. 물론 요금 인상이냐 세금

지원이냐 선택에서 수익자부담원칙에 따라 버스 미이용 도민 모두가 요금 인상분을 부담하기보다 버스 이용자가 조금 더 부담하는 게 맞는다고 판단했습니다"라고 썼다.

먼저 "중앙정부의 간곡한 요구"가 맞을까? 주 52시간 근무제 도입에 따라 경기도 지역 버스 업체들은 예전처럼 버스를 운행하기 위해서는 버스 기사 6,000명을 추가로 고용해야 하는 상황이 되었고, 인건비는 약 3,000억 원이 필요했다. 요금 인상이 불가피한 상황이었다. 서울시와 인천시는 시에서 비용을 관리하고 있어서 요금 인상을 하지 않아도 되어 대책을 세울 필요도 없었지만, 경기도는 손 놓고 있을 수 없게 되었다. 왜냐하면, 주 52시간제 시행으로 인한 비용을 버스 업체가 떠안아야 하고, 노조에서 대책을 요구하며 파업을 예고했기 때문이다.

경기도 버스 파업을 하루 앞둔 2019년 5월 14일 더불어민주당 이해찬 대표가 김현미 국토부장관과 이재명을 불렀다. 이재명이 고집을 피우고 있었다. 이재명은 타협하지 않는 반의회주의, 반민주주의 성향을 갖고 있는 듯하다. 자기가 옳다고 생각하면 절대 타협하지 않으니 말이다. 파업을 막을 방법이 없었다. 문제는 주 52시간제 시행 자체도 비판을 받고 있는 상황에서, 이로 인해 파업까지 발생하면 당·정·청이 그 후폭풍을 감당해야 하기 때문이다. 이재명은 어떤 고집을 피우고 있었을까?

정부와 당에서는 이재명한테 요금 인상과 준공영제 도입을 요구했다. 사태를 해결할 방법은 요금 인상 말고는 없기 때문이다.

그래서 이해찬이 김현미와 이재명을 같이 불러 사태를 해결하기 위한 대책을 만들려는 것이었다. 이 협상을 갖고 이재명은 이해찬은 쏙 빼놓고 "정부의 간곡한 요구"라고 표현하며 "정부를 저주하라"고 말한다. '저주'라는 단어를 이렇게 써도 되는지 모르겠지만, 이재명 스스로 얼마나 분하고 화가 났는지 알 수 있는 표현이다. 보통 사람들조차 사용하기를 꺼리는 단어를 대통령이 되겠다는 사람이 공개적으로 쓰는 걸 보면 분노조절장애를 의심할 수밖에 없다. 이재명이 16세 당시 쓴 일기장에 어떤 여자를 가리켜 빨간색 펜으로 '그년'이라고 표현했는데, 저주라는 표현은 그 연장선에 있다.

그리고 이해찬과 김현미, 이재명이 협의하는 자리에서 또 하나의 쟁점은 이재명식 준공영제다. 앞서 말했듯이 준공영제는 더불어민주당의 공통된 공약이었고, 이미 서울시, 인천시, 부산시 등이 하고 있는 '비용 관리형' 준공영제다. 그런데 이재명 혼자 툭 튀어나와서 '노선 입찰제'를 한 것이다. 더구나 광역버스의 경우 지방자치단체에 위임했던 사무권한을 국가가 회수하기로 이미 예정되어 있었다. 보통의 지방자치단체장이었으면, 정책이 바뀌는 부분에 대해서는 자기 정책을 밀어붙이지 않고 일단 현 상태로 내버려 둘 것이다. 그런데 이재명은 다르다. '이재명은 합니다'다.

국가사무로 넘어가기로 된 광역버스 노선도 입찰에 부쳤다. 노선 입찰도 돈이 드는 일이다. 경기교통공사가 그 일을 하고 세금이 들어가는 일이다. 당연히 경기도의회에서 문제를 제기했다. 어차피 국가사무로 넘어가는 일인데 왜 경기도 세금을 들여서 입찰을 하느냐는 것이다. 이재명은 노선 입찰제를 포기하지 않고 광역버스 노선 전체를 입찰에 부쳤다. 그야말로 독불장군이다.

(이재명이 대통령이 되면 기본소득을 밀어붙일 것으로 보는 이유다. '이재명은 합니다', 맞다. 이재명은 자기가 하려고 한 일은 논리가 밀리고, 여론이 밀리더라도 반드시 밀어붙인다. 여론은 언론 구워삶아서 홍보로 도배하면 세뇌작업이 가능하다. 그리고 이재명의 기본소득은 우리나라를 베네수엘라로 가는 급행열차에 탑승하게 만들 것이다.)

이재명은 정부, 국토부만 악마화한 게 아니다. 이재명한테 가장 눈엣가시인 홍남기의 기획재정부도 끌어들였다. 이재명은 '광역버스 준공영제 예산 국가 부담 약속을 이행하라'라고 촉구했다. 2019년 9월에 기획재정부가 광역버스 준공영제 국고부담율을 50%로 하기로 했고, 이 약속을 믿고 버스비를 400원으로 올렸다고 주장했다. 그 약속은 더불어민주당 이해찬과 국토부 김현미가 한 약속이다. 기재부는 다른 지자체와 형평성에 문제가 있다며 기존에 지원하던 30%만 지원하기로 했다. 그러자 이재명은 여론전에 나섰다. 더불어민주당도 이재명을 지원했다. 결국, 50%로 올렸다. 생색은 이재명이 내고, 책임은 국민 전체가 진 것이다.

## 억강부약을 외치는 사람이
## 수익자부담원칙 운운

　또 하나의 근본적인 문제는 '수익자부담원칙'이다. 버스비 인상을 정당화하면서 이재명은 버스를 이용하는 시민들이 요금 인상을 감당해야 한다며, 이게 '수익자부담원칙'에 맞는다고 했다. 이 논리는 가장 전형적인 신자유주의식 시장논리다. 이재명이 늘 부르짖는 '억강부약'과는 딱 정반대 논리다. 이런 논리는 보수 정당이라고 하는 국민의힘도 주장하지 않는 논리다. 버스에 수익자부담원칙을 적용하게 되면 현재의 준공영제는 모두 폐기해야 한다. 왜냐하면, 버스를 이용하지 않는 부자들, 대기업들이 낸 세금, 승용차를 이용하는 사람들이 낸 세금이 버스 운영에 들어가면 수익자부담원칙에 맞지 않기 때문이다. 이 논리에 의하면 각 지자체는 버스 운영에 손을 떼야 한다. 이재명처럼 노선을 파는 것도 중단해야 맞다. 전 세계에서 노선 입찰제가 대세인 이유는 바로 시장경제논리가 우세하기 때문이다. 그래서 서민들의 발이라고 하는 버스에 관한 한 우리나라가 세계 최선두 복지국가로 볼 수 있다. 2019년 10월 남미 페루에서는 지하철 요금을 인상했다가 대규모 시위가 벌어지고 국가 비상사태까지 선포되기도 했다.

　'억강부약, 대동세상'은 이재명이 내세우는 정치철학이다. 이재명 지지자들이 이재명을 지지하는 근본 이유이기도 하다. 그들은 이재명이 대통령 되면 가난한 사람들이 행복해지는 나라, 아주 평등한 나라, 먹는 걱정이나 입는 걱정 안 하는 나라 만들어줄 거라고 믿는다. 이재명이 주는 기본소득으로 알바 안 하고도 먹고 사는 나라, 기본주택으로 누구나 역세권에서 럭셔리한 커뮤니티 시설이 있는 아파트에서 사는 세상, 언제든지 대출을 받을 수 있는 세상, 너나 나나 할 것 없이 어깨춤 추며 덩기덕 덩더쿵 얼싸안고 한판 어우러져 춤추는 세상, 부자들 때려잡고 부동산 불로소득자들 때려잡고 대기업들 사내유보금 때려잡아서 공평하게 나누어서 골고루 잘사는 나라, 그런 대동세상을 꿈꾸는 사람들에게 이재명이 구세주가 된 이유가 바로 억강부약인데, 가장 자유주의 원칙에 부합하는 '수익자부담원칙'이라고?

이재명은 책임을 져야 하는 상황을 임기응변, 그 순간순간을 정당화하는 논리를 펼치면서 피해 가다가 늘 이런 식으로 자신을 궁지로 몰아넣는다. 대장동 사태에서도 초기에는 '단군 이래 최대 공익환수'라며 "내가 설계자"라고 나섰다가 새로운 증거가 계속 나오자 계속 말이 바뀌고 끝내 대장동 개발사업 결재 라인에 있었던 유한기, 김문기, 황무성, 유동규가 뭘 했는지 아무것도 모르는, 최순실이 뭘 했는지 아무것도 모르는 박근혜 수준으로 자신을 몰아넣는다.

## 서울시 끌어들이는
## 물귀신 작전

　버스 요금 인상이 불가피해지자 이재명은 가만히 있는 서울시를 끌어들였다. 당시 서울시장은 박원순이었다. 이재명은 경기도만 버스비를 올릴 수 없으니 서울시도 올리라고 요구한다. 수도권이 통합환승제로 묶여 있어 경기도가 요금을 인상하면 경기도민만 더 비싼 값에 버스를 이용하게 된다는 논리였다.
　이 주장의 배경은 이렇다. 현재 수도권은 통합환승제다. 그래서 경기도와 인천에서 서울로 들어오는 버스의 경우 그 요금을 절반 정도씩 나눠 갖는다. 경기도가 버스비를 인상하게 되면 서울시는 가만히 앉아서 그 인상된 요금의 절반을 나눠 갖는다. 이재명은 이게 불만이다. 버스 요금은 경기도가 올리는데 왜 서울시가 나눠 갖느냐는 것이다. 그러니 서울시도 올리라는 논리다. 일견 타당한 주장으로 보인다. 하지만 환승센터 운영으로 이익을 보는 건 경기도민들이다. 환승 할인 혜택을 누가 받느냐는 거다. 그 혜택은 주로 경기도와 인천에서 서울로 들어오는 사람들이 받고 서울시민들은 사실상 혜택을 못 보고 있다. 그리고 서울시는 요금 인상 대신 서울시 예산으로 그 비용을 감당한다.
　환승체계가 없어서 경기도 버스가 서울 안으로 들어오지 못한다고 생각해보라. 환승체계가 없으면 시·도 간 경계에 따라 영업권이 제한되고, 할인은 고사하고 경계 지역에서 경기도 버스에서 서울 버스로 갈아타야 한다. 이럴 경우 경기도민들은 할인 혜택 없이 버스비를 두 번 지불해야 하고, 서울 버스 업체들은 승객이 늘어나서 수익도 좋아진다. 그만큼 서울시는 버스 업체 지원에 들어가는 세금 투입이 줄어든다. 그래서 서울시 입장에서는 경기도가 혜택을 받고 있다고 본다.

## "공직은 책임이지 권세가 아니다"

이재명은 평소 "공직은 책임이지 권세가 아니다"라고 말한다. 이재명은 비유를 곧잘 하고는 한다. 쉽게 이해하기 위해 동원하는 게 비유인데, 이해하기가 더 어렵다는 특징이 있다. 이 말도 직관적으로 무슨 말인지 이해하기는 힘들다. 그 이유는 '권세'라는 단어 때문이다. 세상이 많이 바뀌어서 보수 정당 소속 정치인들도 권세가처럼 행동하는 경우는 이제 보기 드물다. 이재명의 비유가 금방 이해 안 되는 이유는 바로 허구의 현상을 비유하기 때문이다. 그리고 비유는 서로 대조나 대비되는 단어로 조합해야 이해가 쉬운데, '책임'과 '권세'는 대조나 대비가 되지 않는 조합이어서 금방 이해가 되지 않는다.

요즘 시대에 공직을 권세라고 생각하는 사람이 누가 있는지 모르겠지만, 이재명은 늘 자기를 스스로 높이기 위해 은연중에 다른 사람들을 깎아내리거나 비하한다. 어쨌든 '행정은 책임이다'라는 말은 주술이 잘 맞는지는 모르겠지만 맞는 말처럼 들린다. 그리고 이재명은 "내가 한 행정의 모든 책임은 내가 다 진다"라고도 말했다. 좋은 말이다. 당연한 말이기도 하다. 일반 기업체를 다녀도 결재서류 맨 마지막 칸에 도장을 찍은 사람이 최종 책임자다. 대부분의 배임 사건은 도장을 누가 찍었느냐로 책임 소재를 가린다. 물론 그 도장 찍은 사람이 바지사장이고 실질적 사장이 따로 있으면 실질적 사장이 책임을 지겠지만, 그 외에는 결재서류 맨 마지막 칸에 도장 찍은 사람이 배임죄의 책임을 진다.

이재명 지지자들은, 특히 김어준 같은 부류는 '돈을 안 받았으니 배임죄가 아니다'라는 무식한 소리를 당당하게 하는데, 배임죄는 돈을 받고 말고와는 전혀 상관없는 범죄다. 업무상 배임죄의 불법영득의사는 경제적 이익만을 말하는 게 아니다. 이재명이 업적으로 자랑하는 것 자체가 이재명의 이익이다. 2018년 지방선거에서 신나게 업적으로 써먹었고, 단군 이래 최대 공익환수라고 자랑하는 것도 이재명에게는 이익이다. 더구나 결재서류 맨 마지막 칸에 도장도 찍었다. 그 앞칸에 도장 찍은 유동규는 업무상 배임으로 구속됐다. 이재명 스스로 "유동규 부정 드러나면 책임질 것"이라고 했는데 어떻게 책임질 것인지는 아무 말이 없다. 그나저나 이재명보다 결재 칸이 밑에 있는 유동규도 업무상 배임으로 구속한 검찰이 이재명은 근처에 얼씬도 하지 않을 모양이다. 이 정도면 현 정부의 검찰개혁은 그냥 망한 거다. 앞으로 그 어떤 정부도 검찰개혁을 말할 수 없을 것이다. 누구도 그 진정성을 믿지 않을 것이기 때문이다. 검찰개혁이 정권 편들어주는 검찰 만들기로 전락하면, 국가의 신뢰는 망가지는 것이다.

이재명에게 책임이란 무엇일까? 버스 준공영제를 둘러싼 논란만 그런 게 아니다. 판교 환풍구 추락 사건, 백석역 온수관 파열 사건, 이천 화재 먹방 사건 등 수두룩하다.

## 행정은 결과로 책임지는 것이다

이재명식 버스 준공영제는 버스비 인상으로 귀결되었다. 주 52시간제 핑계를 대고 있지만, 여타 지자체의 준공영제와 달리 경기도는 노선을 판매함으로써 버스 업체들을 사실상 시장경제 논리로 밀어 넣었다. 이재명은 경기도 세금을 아꼈다고 자랑하는지 모르겠지만, 세금은 그렇게 쓰라고 거둬들이는 거다. 다른 지자체는 세금 아낄 줄 몰라서 사실상 공영제로 버스 업체를 지원하는 게 아니다. 그 세금의 최종 수혜자가 대중교통을 이용하는 평범한 서민들이기 때문이다.

같은 논리로 공기업을 보면 된다. 공기업의 적자는 죄가 아니다. 물론 방만한 경영을 하거나 임직원들의 과도한 임금은 문제다. 이 문제는 별개의 문제다. 공기업의 적자는 그 서비스를 이용하는 전체 국민들이 입는 혜택이기도 하다. 그래서 적자를 타박해서는 안 된다. 국가나 지방자치단체가 사용하는 세금도 같은 논리다. 세금을 아껴 쓰는 건 좋은 일이다. 그러나 그 최종 수혜자가 시민들이라면 아끼는 게 능사는 아니다. 그렇다고 펑펑 쓰라는 이야기도 아니다.

그런데 이재명은 최종 수혜자가 아닌 중간에 끼인 민간 업체만 본다. 그래서 보도블럭 교체도 불필요한 업자 배 불리는 세금 낭비로, 각종 도로나 교량 보수도 토건족들 배 불리는 세금 낭비로 인식한다. 버스 준공영제에 굳이 여타 지자체와는 전혀 다른 노선 입찰제를 혼자서 시행한 것도 버스 업체를 쉽게 돈 버는 장사꾼들로 인식하기 때문이다. 국민에게 직접 현금, 아니 지역에서만 쓸 수 있는 상품권을 10만 원씩 쥐여주는 행정을 선호하는 것은 이 세상 모든 관료, 사업가들을 왜곡된 시선으로 바라보기 때문이다.

그 결과 이재명은 경기도민들만 더 비싼 버스비를 내게 만들었다. 그리고 그 책임은 주 52시간제를 시행한 정부에 돌린다. 그러면서 자신은 대선 공약으로 "주 52시간도 길다. 주 4일제를 도입해야 한다"라고 떠든다. 그러면 버스비를 또 인상해야 한다는 건 생각 못 했나? 아마 아무 생각 안 했을 것이다. 주 4일제 하면, 공무원이나 대기업 등 좋은 직장 다니고, 안정적으로 월급 받는 사람들은 모두 환영할 것이다. 하지만 하루 벌어 하루 먹고사는 사람들은 어떡할 것인가? 당장 버스비 인상도 해결하지 못하는 사람이 무슨 능력으로 이런저런 부작용을 감당할 수 있을까?

경기도에서는 지난 2021년 11월 16일에 치러지는 수능 시험을 앞두고 또다시 버스 파업이 예고되기도 했다. 이재명이 경기도지사 사퇴하고 나갔으니 이재명 책임은 없는 건가? 일반 기업 사장님들은 회사 그만둔 지 몇 년이 지나도 사고가 터지면, 결재 서류에 도장 찍은 것 때문에 검찰에 불려간다. 이렇게 무책임하고 무능력한 행정을 하는 사람이 능력 있다고? 실력 있다고? 실행력 있다고? 일반 기업 같았으면 벌써 잘렸다.

결론은 이렇다. 버스 준공영제의 각 방식은 나름대로의 장단점이 있다. 이재명은 새로운 방식을 도입하면서 굳이 다른 방식을 형편없는 제도인 것 마냥, 버스 서비스 품질은 형편없고, 버스 업자들만 배 불린다는 식으로 접근해서는 안 됐다. 그런 비판은 이재명이 채택한 방식에도 그대로 되돌아가기 때문이다.

상대방을 악마로 만들어야 내가 선이 되는 건 아니다. 다른 사람의 정책을 쓰레기로 만들어야 내 정책이 돋보이는 것도 아니다. 기존의 정책을 난도질해야만 새로 도입하는 정책이 정당성을 얻는 것도 아니다. 그 모든 것은 시간과 공간의 상대성 원리에 따라 평가가 달라질 뿐이다. 이런 인식 자체도 갖추지 못한 사람이 최고의 권력을 가질 경우 그 국가가 어떻게 될지는 뻔하다. 이재명이 좋아하는 표현처럼, 대한민국은 갈가리 찢어질 것이다.

## 제9장
# 상품권을 '지역화폐'라고 우기는 이유

이재명의 주요 업적 중 하나는 '지역화폐'다. 2019년부터 2020년 8월까지 '지역화폐' 홍보에 투입한 세금만 36억 원이 넘는다. 공식 명칭은 '지역사랑상품권'이다. 강민석 전 청와대 홍보수석이 쓴 『승부사 문재인』에 의하면, 문재인 대통령이 주재한 국무회의에서 이 명칭에 관한 이야기가 나왔다고 한다. '지역화폐'가 아닌 '지역사랑상품권'이 공식 명칭이고, 따라서 공식 명칭을 사용해야 한다는 내용이 나온다.

> 문재인 대통령: "질문 하나 하겠습니다. 보고서 속에 '지역화폐'라는 용어를 사용했는데, 공식으로 사용하는 용어인가요?"
> 성윤모 산업통상자원부 장관: "공식 용어는 아닙니다."
> 홍남기 부총리: "예산상 공식으로 쓰는 명칭은 '지역사랑상품권'입니다."
> 문재인 대통령: "(정부는) 공식 용어를 쓰는 게 바람직해 보입니다."
>
> ─『승부사 문재인』 p.355, 강민석 저

국무회의에 올라간 보고서에 '지역화폐'라는 명칭이 표기되었는데 이를 바로잡는 장면이다. 앞서 몇 차례 언급했듯이 이재명은 우리가 사용해 온 언어의 규칙을 파괴한다. 자기 멋대로 부른다. 사과는 복숭아로, 복숭아는 귤로 바꿔 부른다고 생각하면 된다.

'상품권'을 '화폐'라고 부르게 되면, 우리가 알던 화폐의 기능은 사라지고 만다. '백화점상품권'은 '백화점화폐'로, '도서상품권'은 '도서화폐', '문화상품권'은 '문화화폐'가 된다.
(따라서 이 책은 공식 명칭인 '지역사랑상품권'으로, 줄여서 '상품권'으로 표기한다.)

## 이재명은 상품권을 정말 화폐라고 믿고 있다

이재명은 성남시장 재임 당시 골목상권을 살린다는 명분으로 공공부문 기간제근로자 791명에게 최저임금인 시급 6,030원을 상회하는 생활임금 7,000원을 지급하면서 생활임금과 최저임금의 차액 970원을 상품권으로 지급했다. 당시 언론 보도에 따르면, 2016년 1월에는 차액 1억 2,025만 원(791명)을 상품권으로 지급했다. 1인당 평균 15만 2,000원이다. 1년이면 14억 4,300만 원이다. 상품권을 진심으로 화폐라고 생각하는 행정이다. 이재명의 행정 방식은 은수미도 이어받았다.

법적으로 문제가 없을까? 여러분이 월급의 일부를 상품권으로 지급받았다고 생각해보자. 이게 가당키나 한 이야기일까? 이재명과 은수미는 당연히 문제없다는 입장이지만, 법률적으로도 문제가 있다. 2018년에 문제가 된 사례를 보자. 임금 171만 원을 받았는데, 최저임금 143만 원을 초과한 28만 원을 상품권으로 받은 기간제 근로자가 〈SBS〉와의 인터뷰에서 "없는 사람은 1만 원도 소중하고, 이것(상품권)만 들고 있는 경우라면 정말 힘들지 않겠어요? 왜? 우린 서민이니까"라고 말했다. 한 푼이라도 아쉬운 서민 입장에서는 현금이 아닌 상품권을 강제로 받아야 하는 것은 피눈물이 날 수도 있는 일이다. 억강부약 외치는 이재명이 진실로 없는 사람들 입장을 생각했다고 보는가? 오로지 자기 업적을 부풀리기 위해, 많지도 않은 월급을 받는 기간제 근로자를 자기 정책의 효과를 입증하기 위한 연구실 실험용 쥐처럼 이용한 것이다. 여러 가지 문제가 있지만, 상품권을 임금으로 지급하는 것은 기본적으로 인간에 대한 존중 자체가 결여된 발상이다.

실제로 성남시의 행태는 불법이었다. 당시 〈SBS〉 보도에 따르면, 법학전문대학원 교수들 모두가 "위법하다"고 답했다. 근로기준법은 '임금은 통화로 모두 지급해야 한다'라고 규정하고 있다. 상품권은 화폐가 아니다. 그런데도 이재명은 상품권이라는 공식 명칭 대신 끊임없이 지역화폐라고 부르며 실제로 화폐처럼 인식하는 지경이 된 것이다. 자기 세뇌의 결과이기도 하고, 타인을 세뇌하려는 목적이기도 하다. 임금을 지급할 때 화폐가 아닌 걸로 지급하기 위해서는 법령에 근거 규정이 있거나, 노사 간 단체협약에 따라 합의를 해야 가능하다. 이재명과 은수미는 근거도 없이 상품권을 마치 화폐인 양 임금으로 지급한 것이다.

성남시는 조례를 근거로 들어 위법이 아니라고 주장했다. 2015

년 당시 이재명이 발의한 조례다. 이재명은 당시 외부 변호사와 노무사 17명에게 의견을 구했다고 변명한다. 그런데 그 질의서에는 '조례가 법령에 해당한다'는 성남시 의견이 적혀 있었고, 상품권으로 임금을 지급해도 된다는 근거로 '조례가 아닌 법령으로 정해진 희망공공근로사업'을 참고 사례로 제시했다. 그야말로 '답정너'식의 질의서였다. 조례와 법령을 같은 수준으로 인식하는 것은 이재명식 지방자치가 '이재명 왕국'을 의미하는 것임을 보여주는 사례다. 엄연히 대한민국 법체계가 '헌법-법률-명령-조례-규칙' 순으로 되어 있는데 이재명은 법령보다 하위에 있는 조례를 법령 수준으로 자기 멋대로 격상시킨 것이다. 답을 정해놓고 질의서를 보냈지만, 이마저도 4명은 "위법 소지가 있어 상품권 지급은 안 된다"라는 의견을 냈다.

   이재명의 사례를 이어받은 은수미는 아동수당도 상품권으로 지급했다가 해당 부모들의 거센 항의를 받기도 했다. 2018년 9월부터 만 6세 미만에게 아동수당 10만 원이 지급되기 시작했는데 유독 성남시만 상품권으로 지급한 것이다. 법령상으로는 가능한 조치이기는 하다. 원칙은 현금이고 예외적으로 지자체장이 조례를 만들어서 상품권으로 지급해도 된다. 하지만 주민들 의견을 수렴하지 않고 조례를 만들어도 되는 것인지도 문제로 남는다. 다른 지자체 거주 주민들은 모두 현금으로 받아서 자기가 사용하고 싶은 대로 쓰는데, 성남시는 심지어 직접 주민센터에 가 상품권으로 받아 가맹점을 찾아 사용해야 한다. 누구를 위한 행정일까? 이재명의 행정은 '이재명의 이익'이라는 관점을 넣고 보면 쉽게 해석이 된다.

많은 시민들이 이재명과 은수미를 향해 "너희들부터 월급을 상품권으로 받아라"라고 야유를 퍼붓는 것은 어쩌면 당연한 결과가 아닐까?

## 이재명이 지역화폐를 고집하는 이유

이재명은 왜 '지역화폐'라는 명칭을 고집할까? 자기 브랜드이기 때문이다. 이름 하나도 자기 업적으로 생각한다. 그래서 '서울외곽순환도로'를 '수도권순환도로'로 변경한 것도 업적에 넣는다. 이재명은 복지 지출도 상품권으로 해야 한다는 입장이다. 거주 지역에서 강제로 사용하게 만들면 지역 골목상권에도 도움이 되고 경제 활성화가 된다는 논리다. 이 논리는 거의 종교적 믿음 수준이다. 그 어떤 논리적·이성적 비판도 소용없다. '복지도 하고, 골목상권도 살리고, 경제 활성화도 하는' 만능 여의봉 같은 이 논리는 기본소득에서부터 거의 모든 정책을 관통하는 교리다.

(이렇게 좋은 정책을 왜 선진국들은 하지 않았으며, 우리나라 역대 정부들도 왜 하지 않았을까? 이재명은 마치 자신이 아르키메데스처럼 놀라운 발견을 한 것으로 철석같이 믿고 있을 것이다.)

이재명은 자신의 모든 정책에 '지역화폐'를 연계한다. 앞서 소개한 '청년배당'의 경우에도 상품권으로 나눠준다. 현금처럼 자기가 쓰고 싶은 대로 쓸 수 없다. 이재명의 핵심 공약인 기본소득도 상품권과 연계한 정책이다. 현금이 아닌 상품권으로 나눠주면 무조건 쓸 수밖에 없다. 은행에 예금으로 넣을 수도 없고, 주식을 살 수도, 다른 도시에 가서 사용할 수도 없다.

이제 이재명이 세뇌에 가깝게 밀고 있는 '지역화폐'는 이재명이 더불어민주당의 대선 후보가 된 이후 공식 용어가 되었고, 강력하게 추진하는 정책으로 격상됐다.

'지역사랑상품권'은 이재명의 성남시와 경기도뿐만 아니라 전국 모든 지방자치단체들도 사용하고 있다. 이 상품권은 해당 지역, 특히 골목상권에서만 사용할 수 있어서 나름대로 순기능을 갖고 있다. 더구나 사용하는 사람들에게는 10% 할인이라는 인센티브를 준다. 예를 들어, 1,000원을 소비하면 100원을 적립해준다. 나머지 100원은 누가 낼까? 바로 국가와 지방자치단체다. 즉, 상품권 사용자들이 입고 있는 혜택은 전체 국민이 내는 세금으로 충당한다. 공평성에 대한 문제 제기가 나오는 이유다.

## 지역상품권 인센티브 중단 사태

이재명이 성남시에서 강력하게 밀었던 상품권은 이재명이 경기도지사가 되며 '경기지역화폐'로 변신해 그 범위가 넓어지고, 예산도 증가한다. 경기도 내 31개 시·군에서 사용할 수 있는 경기지역화폐, 즉 상품권은 지역경제 활성화를 위한 대안화폐(다시 말하지만, 화폐가 아니다)로, 충전 금액의 10%를 인센티브로 지급하는 혜택을 제공한다. 지역상품권이 인기가 높은 이유는 10%의 인센티브에 있다. 예를 들어, 1만 원짜리 물건을 사면 1,000원을 적립해준다. 충전 한도는 시·군마다 다르다. 왜냐하면, 지역마다 재정 상태가 다르기 때문이다. 예를 들어, 충전 한도가 50만 원인 시가 있다면, 충전 금액의 10%인 5만 원이 인센티브로 지급된다. 어쨌든 사용자 입장에서는 엄청난 이득이다. 하지만 이 혜택은 사용하는 사람만이 맛볼 수 있다.

한도가 다 차면 인센티브 지급은 중단된다. 결국, 선착순이다. 그래서 예산이 금방 소진된다. 선착순에서 늦은 사람들은 당연히 항의하게 되고, 그러면 지자체는 예산을 늘려야 한다. 그 예산은 어디에서 올까? 국가에서 온다. 그래서 이재명이 민주당 대선 후보가 된 이후 당 차원에서 기재부를 윽박질러 상품권 예산을 대폭 증가시켰다. 그러면 이 예산으로 충분할까? 앞으로 매년 예산을 늘리게 되면 대체 어디까지 늘릴 수 있을까?

2021년 6월 30일까지 발행된 경기도 상품권 규모는 2조 4,150억 원이다. 상반기에만 2020년 전체 발행 규모인 2조 8,519억 원에 가까운 수치를 기록한 것이다. 예산이 소진되면 인센티브 지급은 중단된다. 즉, 상품권 사용도 중단된다는 의미다. 사용자들은 10%의 인센티브가 없으면, 굳이 상품권을 사용할 이유가 없다. 왜냐하면, 사용처가 해당 지역으로 제한되어 있기 때문이다.

## 생색은 지자체장들이 내고 책임은 국가에 떠넘기기

 10%의 인센티브는 쏠쏠하다. 발 빠른 사람들은 자기가 사는 자치단제로부터 매달 5만 원을 받는 셈이다. 공돈 싫어하는 사람은 없는 법이다. 원칙상 예산이 소진되면 인센티브 지급을 중단해야 한다. 그게 맞는 일이다. 그런데 국가에 손을 내민다. 예산을 더 내놓으라는 식이다. 그게 이재명이다. 그리고 더불어민주당이 돌격대 역할을 했다.

 현재 인센티브 지원 예산은 국비(60~80%), 도비(10~20%), 시비(10~20%)로 분담한다. 국비가 절대적이다. 공격 대상은 기재부와 행안부다. 예산 편성은 기재부가 하고, 그 돈을 나눠주는 건 행안부에서 한다.

 2022년 예산 편성을 앞두고 행안부가 2022년 발행 규모를 20조 원으로 잡고 지원금 총액 1조 4,403억 원을 제시했지만, 기재부는 발행 규모를 6조 원으로 대폭 줄이고, 지원금도 2,400억 원으로 줄어버렸다. 그러자 이재명 캠프 선대위원장을 했던 우원식이 나섰다. 우원식은 "지역경제 침체에 대응하기 위해 정부에서도 지역사랑상품권 발행을 독려해 왔는데, 이게 무슨 날벼락입니까? 코로나-19 상황이 아직 끝나지도 않았는데, 아니 골목상권의 상황은 더 악화되고 있는데 자영업자의 숨통까지 끊을 생각입니까"라며, "기재부의 태도는 대단히 무책임하고 묵과할 수 없는 행태"라고 비판했다.

그러면서 "상품권의 효과가 커서 발행액도 매년 늘고, 이제는 거의 모든 지자체에서 상품권을 발행하고 있을 정도로 지역경제에 없어서는 안 될 혈맥 역할을 하고 있다"며 "국민들이 원하고, 지역경제 활성화에 꼭 필요한 예산까지도 기재부가 모든 권한을 틀어쥐고 국민 위에 군림해서는 안 됩니다. 코로나-19의 길고 어두운 터널에서 국민과 지역경제에 희망을 주는 예산은 반드시 지키겠습니다"라며 자못 비장한 어조로 나왔다. 그리고 더불어민주당이 당 차원에서 기재부를 압박한 결과, 예산을 대폭 확대하는 데 성공했다. 총 30조 원으로 늘어난 것이다. 이재명은 한 술 더 떠서 50조 원으로 확대하겠다고 했다.

지역상품권도 나름대로의 장점은 있다. 하지만 근본적으로 남는 문제는 불공평이다. 국가 세금 지원의 이익을 소수만 가져간다는 점이다.

# 홍남기가
# 상품권 확대에 반대하는 이유 _____

무엇보다 지역상품권은 말 그대로 해당 지자체 업무다. 자기들이 하고 싶으면 하고, 아니면 안 하는 것이다. 그런데 앞서 말했듯이, 사실상 지자체장들이 해당 지역 주민들에게 매달 5만 원을 뿌리는 정책을 펼치면서 국가에 손을 내민다는 점이 문제다. 생색은 지자체장들이 내고 책임은 국가가 지는 것이다. 그야말로 '이익의 사유화, 책임의 공유화'다. 상품권으로 인한 이익은 선착순으로 사용하는 소수가 가져가고, 책임은 국민 전체가 지는 구조다. 재정이 열악한 시·군에서는 그만큼 혜택에서 소외된다. 전형적인 부익부 빈익빈 구조다. 잘사는 지자체는 더 많은 혜택을 가져가고, 못 사는 지자체는 그만큼 혜택에서 소외된다. 이런 부익부 빈익빈을 강화하는 정책을 경제 활성화라는 명분으로, '양극화 해소'를 내걸고 있는 정당이 앞장서서 추진하고 있는 것이다.

한국조세재정연구원은 「지역화폐 도입이 지역경제에 미친 영향」 최종보고서에서 "거의 모든 지자체가 지역화폐를 발행함으로써 소비 진작 효과가 상쇄돼 가는 추세"라고 지적한 바 있다. 김부겸 국무총리도 "초기에는 긍정적 효과가 있었지만, 지금은 전국이 다 똑같이 하니까 많이 쓰는 사람에게 혜택이 가는 역진적 현상도 있다"라는 입장을 밝혔다.

이런 이유에서 홍남기는 반대할 수밖에 없는 것이다.

# 한국조세재정연구원은
# 이재명이 대통령 되면
# 분서갱유 각오해야

이재명에게 토론은 불필요한 과정이다. 비판을 모욕으로 받아들이는 게 이재명이다. 한국조세재정연구원이 지역상품권의 효과에 대해 부정적인 의견을 내놓자 국책연구원을 "얼빠진 기관"이라고 모욕했다. 이재명의 주장이나 정책을 비판하면, 불의한 세력, 적폐 세력이 된다. 성남시장, 경기도지사를 하면서 익히 보여준 모습이기도 하다.

이재명이 비판을 비난으로, 혹은 모욕으로 받아들이는 것은 피해의식 때문이다. 이재명은 한국조세재정연구원을 비판하면서 "정부가 채택해 추진 중인 중요 정책에 대해 이재명의 정책이라는 이유로 근거 없이 비방하는 것이 과연 국책연구기관으로서 온당한 태도인지 묻는다"라고 비판했는데, 연구원이 이 정책에 관해 이재명 정책이라서 비판한다는 인식은 그가 어떤 정신세계를 가졌는지를 극명하게 보여준다. 이런 태도는 논문표절이 들통났을 때 박근혜 정부의 국정원 배후설로 물 타기하던 수법과 동일하다. 엄연히 논문표절이라는 잘못을 저질러놓은 데 대해 진솔한 사과를 하는 게 아니라 국정원이 이재명이라는 인격체를 노리고 공작 정치를 하는 것 마냥 몰아가는 수법이 재현된 것이다.

그냥 담백하게 연구원의 주장에 자신이 가진 근거와 논리로 반박하면 그만일 텐데 "정치적 고려에 의한 것으로 추정되는 일방적 주장을 연구 결과라고 발표하며, 정부정책을 폄훼하는 정부 연구기관이 아까운 국민 혈세를 낭비하는 현실이 참으로 실망스럽다"라며 악마화를 시도한다. 해당 보고서를 작성한 연구원들은 이재명이 대통령이 되면 아마 연구원에서 짐을 싸야 할 가능성이 크다. 이 책을 쓰고 있는 〈이재명연구회〉도 탈탈 털릴 것이 분명하고 말이다. 이재명은 어떤 식으로든 보복을 하는 인간이기 때문이다.

## 관제데모 연상되는 상품권 확대 시위

지역상품권 예산을 두고 더불어민주당이 당 차원에서 기재부를 압박하는 가운데 관제 데모에 가까운 시민단체의 집회도 있었다. 2021년 9월 10일 국회의사당 정문 앞에서는 '자영업소상공인중앙회'와 '지역사랑상품권전국민운동본부(준비위원회)'라는 단체가 지역상품권 예산 확대를 촉구했다.

(이재명이 밀어붙이는 '지역화폐'라고 쓰지 않고 '지역사랑상품권'이라는 공식 명칭을 사용한 점은 높게 평가할 대목이다. 우원식도 공식 명칭을 사용했다.)

그런데 이 단체는 2018년에 나꼼수 출신 김어준의 처남 인태

연이 초대 회장을 맡아서 만든 '한국중소상인자영업자총연합회'(한상총련)와 '중소상공인단체중앙회'를 합쳐서 2021년 3월에 만들었다. 인태연은 한상총련을 만든 이후 청와대 자영업비서관으로 재직 중이다.

## 제멋대로 돈 쓰고 치적 타령하는 이재명

이재명은 '지역상품권과 연계한 재난지원금 지급'을 자신의 업적으로 내세운다. 그런데 가만히 생각해보자. 기본소득도 그렇지만 이재명이 내세우는 업적의 본질은 간단하게 말해서 '돈 쓰기'다. 정책을 집행하는 자치단체장이 하는 일이 돈 쓰는 일이기는 하다. 하지만 정책 대부분은 간접적으로 지원하는 형태다. 그냥 돈 뿌리는 게 정책이라면, 굳이 전문적인 지식도, 경영이나 행정에 대한 지식이나 경험도 필요하지 않다.

지역상품권과 관련해 '코나아이'를 둘러싼 여러 의혹은 다루지 않는다. 적자 기업이었던 코나아이가 이재명의 지역상품권 사업자로 선정된 이후 대폭 흑자기업으로 변신하고, 통상 낙전수입과 이자 반납을 시·군에 귀속되도록 한 다른 지자체와 달리 수익배분을 '협의' 대상으로 남겨놓은 것이 특혜가 아니냐는 의혹, 이런 의혹이 제기되자 이재명이 경기지사직에서 사퇴한 직후인

2021년 11월 경기도와 '변경협약서'를 체결해 특혜 지적받은 문구들을 수정했던 일, 코나아이에서 대관 업무를 담당하는 임원이 이재명이 성남시장 시절 이벤트를 수주해 하던 마술사 출신으로 〈이재명TV〉 운영자를 지냈고, 지역상품권을 담당하는 경기도시장상권진흥원에서 홍보를 담당하고 있는 박모 상임이사는 코나아이 중국 법인장 출신이라는 점 등 코나아이와 이재명과의 다양한 유착관계를 의심할 만한 의혹은 이 책이 다루는 주제가 아니다. 이 책은 무슨 의혹을 제기하기 위한 책이 아니라 이재명이 업적이라고 내세우는 정책을 하나하나 살펴보기 위한 책이기 때문이다.

다만, 코나아이와 관련해 하나만 짚고 가자. 이재명은 교통기본권을 내세워 민영기업인 일산대교를 졸지에 국유화하려고 시도했다. '배달의민족'이 수수료를 과다하게 책정한다면서, 경기도에서 운영하는 형태지만 실상 특정 기업이 위탁해서 운영하는 '배달특급'을 만들기도 했다. 이런 사업은 왜 경기도가 직접 하지 않고 민간기업에 위탁을 주느냐는 것이다. 버스 준공영제도 구조가 동일하다. 공공이라는 이름이 붙었지만, 결국 경기도의 낙점을 받은 버스 업체가 이익을 가져간다. 코로나 국면에서 버스 승객이 감소하자 업체들이 차라리 경기도 세금으로 연명하기 위해 너도나도 공공버스로의 전환을 신청하는 사례가 말해주는 바는 무엇일까? 대장동 사업도 공공개발이라는 이름으로 사실상 민간자본이 엄청난 이익을 가져갔다. 이재명이 말하는 공공성이란 대체 무엇일까? 일산대교 국유화도 실제 성사되었으면, 결국 겉은 공공이지만 특정 민간기업에 위탁하는 형태, 즉 특정 기업에 특혜를 주는 것으로 보일 수 있는 형태로 운영하게 했을 것 같다. 이재명에게 공공성이란 자기가 간섭할 수 있는 조건이냐 아니냐에 따라 다른 것은 아닐까?

도대체 지역상품권이 어떻게 업적으로 평가되는지 이해할 수 있는 지점이 단 하나도 없다. 재난지원금을 주는 게 어떻게 업적이 되는 것이며, 기본소득처럼 돈 주는 정책이 어떻게 업적이라고 할 수 있을까? 그냥 공돈 받아서 기분 좋으면 좋은 정책이 되는 건가?

지역상품권이 지역경제에 보탬이 되는 건 직관적으로 분명한 사실이다. 그러나 전국 모든 지자체가 동시에 그런 정책을 폈을 때 결국 정책 효과가 제로로 수렴된다는 뻔한 사실을 지적하면 적폐로 몰아가는 자를 민주주의자라고 할 수 없다. 이재명은 독재자의 피를 갖고 있다고 말할 수 있다. 대통령이 되면 자기 정책을 비판했던 연구원, 연구자들, 보고서가 탄압받을 것이다. 현대판 분서갱유를 일으킬 사람이다.

# 제10장
# 사회주의국가 문을 연 '배달특급'

이재명은 '배달특급'도 치적으로 소개한다. 경기도가 만든 배달 앱인 배달특급에 대한 근본적인 질문은 이것이다. 배달특급은 공기업인가? 사기업인가? 더 근본적인 질문은 경제학 원론에 관한 것이다. 보통 경제 3주체는 '정부, 기업, 가계'로 구성된다. 그래서 민간기업에 맡길 수 없는 공공재의 경우(철도, 도로, 에너지, 물 등등) 공기업을 설립해서 운영한다. 공기업을 설립하는 이유는 국가가 직접 이윤을 창출하는 행위의 주체가 되어서는 안 되기 때문이다. 국가가 이윤을 창출한다는 건 바로 사회주의를 말한다. 과거 운동권에서 재벌을 해체하고 국유화해야 한다고 주장했던 게 바로 그것이다.

시장경제의 자유민주주의와 사회주의의 결정적인 차이가 바로 국가가 직접 이윤을 얻어내는 기업을 운영하느냐에 있다. 그래서 자유민주주의 시장경제체제의 국가들은 공공재에 한 해 공기업을 설립해서 운영한다. 그래서 공기업도 본질적으로 이윤 창출이 역할이나 목적이 아니다. 그런데 이재명은 이런 경제학 원론의 상식을 파괴한다.

배달의민족 수수료가 과다하다고 문제가 되자 배달특급을 만든다. 이건 사기업인가? 공기업인가? 성남도시개발공사를 만들어서 위례동과 대장동 개발사업에 뛰어들어서 "돈 많이 벌어서 신나게 썼다"라고 자랑한다. 지방자치단체는 돈 벌면 안 되느냐고 말한다. 국가나 지자체가 민간 기업과 경쟁하면 누가 유리한가? 당연히 국가와 지자체가 유리하다. 그래서 이명박이 2008년에 LH에 민간과 경쟁하지 말라고 했는데, 이 말은 맞는 말이다. LH는 돈 많이 벌라고 만든 조직이 아니다. 토지 개발하고 분양하고 그렇게 만든 돈으로 임대주택 열심히 짓는 일이 LH의 역할이다. 민간 건설사가 이윤이 적다고 하지 않는 일, 즉 시장경제가 실패하거나 제대로 작동하지 않는 일을 한다. 모든 공기업의 존재 이유가 그렇다.

이재명은 〈삼프로TV〉에 나와서 배달특급을 자신의 업적으로 자랑했다. 그런데 배달특급은 2021년 한 해에만 경기도 예산 140억 원을 투입했다.

배탈특급은 세금으로 할인 혜택을 주는 방식이다. 배달특급 앱 설명서를 보면, 경기지역화폐 사용 시 최대 15% 할인해주고 지역화폐 사용 시 10% 충전 할인에 결제 금액의 5% 쿠폰을 덤으로 준다고 한다. 이게 전부 세금이다. 그리고 사용하는 사람이 많아질수록 투입하는 세금도 많아질 수밖에 없는 구조다. 결국, 세금으로 지급하는 인센티브로 소비자들 불러 모아서 민간기업과 경쟁하는 구조다. 정말 이래도 되는 것일까? 배달특급은 사실상 사회주의 국가로 가는 문턱을 넘었다고 보는 게 합당하지 않을까?

결국, 앞서 설명한 지역화폐에서 발생한 문제가 배달특급에서도 발생했다. 즉, 소비자가 할인받는 금액을 세금으로 보전해주는 시스템이다. 이용하지 않는 사람은 세금 혜택에서 제외된다. 국가나 지자체에서 특정 사람들만 혜택을 보는 기업을 세금을 들여서 이렇게 만들어도 되는 것일까? 성격 자체도 공기업인지 사기업인지 불분명한 기업을 만들어서 억지로 업적을 추가하는 행위를 그냥 방치해도 되는 것일까? 이재명은 경기도지사 차원에서 경기도에서만 사용되는 배달특급을 만들었다. 대통령이 되면 국가 차원의 배달앱을 만들 수도 있다는 이야기다. 경기도 배달앱도 되는 마당에 국가 배달앱은 왜 안 되겠는가?

실제로 이재명은 그런 말을 했다. 2020년 10월 29일 대한민국 정책브리핑 릴레이 인터뷰에서 이재명은 "공공배달앱은 디지털 시대에 꼭 필요한 공공인프라입니다. 도로나 항만 시설 같은 SOC처럼 공공플랫폼 역시 새로운 시대의 디지털 SOC"라고 말했다.

## 히틀러의 국가사회주의와 닮은 이재명

이재명이 배달특급을 만들려고 하자 안철수는 2020년 4월 10일 페이스북에 글을 올려 "공정거래위원회의 투명성과 권한을 선진국 수준으로 높여 독과점 폐해가 심한 기업에 대해서는 기업분할도 할 수 있는 권한을 주어야 합니다. 그런데 지자체가 대중의 감성을 건드려서 공공앱을 만들자고 나서는 것은 시장의 영역을 침범하는 것이며 인기영합주의입니다. … 시장과 정부는 각각의 영역과 역할이 있고 공공부문은 공공재처럼 시장이 그 기능을 할 수 없을 때 제한적으로 개입해야 합니다"라고 말했다.

지극히 정상적인 사고다.

그러자 이재명은 이틀이 지난 4월 12일 페이스북에 글을 올려, "참으로 한가한 말씀입니다. 홍수로 마을이 떠내려가는데, 돕지는 못할망정 둑 쌓는 사람에게 '댐 설계같이 하자'는 국민의당이나 '방재는 정부에 맡겨라'라는 안철수 대표님의 '비난'을 이해하기 어렵습니다. … 입법까지 소상공인들은 피해를 감수하며 기다려야 하는가? … 화려한 말보다 지금 당장 도움 되는 일을 하는 것이 실용입니다"라고 반박했다.

이재명은 늘 비유가 이상한데, 이 글에서도 배달의민족 수수료 문제를 '홍수로 마을이 떠내려간다'라고 과장해서 표현한다. 선별 지급하는 방안이 아닌 전 국민 재난지원금 지급을 정당화하려고 우리나라를 "굶어 죽는 사람들이 넘쳐나듯이"라고 표현한 것처럼 말이다.

그런데 배달의민족은 수수료 문제가 논란이 되자 인상 계획을 철회했다. 그러면 이재명 비유대로라면 홍수가 일어나지 않은 것이다. 수수료 인상 계획 발표가 댐을 방류하겠다는 예고였다면, 계획 철회는 댐 방류를 안 하겠다는 말이다. 그러면 이재명이 말하는 홍수는 일어나지 않았다. 그런데 이재명은 일어나지도 않은 홍수를 핑계로 둑을 쌓겠다고 한다. 그 둑이 배달특급이다. 이건 정말 세금 140억 원 들여서 억지로 업적 하나 추가하려는 의도 말고는 해석이 안 되는 행정이다.

그러면서도 안철수의 비판을 '비난'으로 악마화한다. 그러고는

5월 5일에는 "정부의 기능은 합리적이고 공정한 경쟁질서를 유지하는 것이고, 공정한 시장경제질서를 어지럽히는 독점과 힘의 횡포를 억제하는 것이 의무입니다. 공정거래위원회만이 아니라 지방정부를 포함한 모든 정부 기관의 책무"라고 쓴다. 이 내용과 안철수가 말한 내용의 차이가 있는가? 없다. 독과점 횡포를 부리면 국가와 지자체가 가진 권한으로 합법적 틀 안에서 제재를 가하면 된다. 법이 미비하면 법을 바꾸거나 새로 만들면 된다. 그런데 이재명은 곧장 배달특급을 만든다. 그러고는 자기 업적이라고 스스로 자랑질한다.

이재명은 우리가 가진 상식을 파괴한다. '꼬리를 잡아 몸통을 흔든다'라는 '언더독' 전략, 즉 남들과 달라야 한다는 강박관념이 이재명을 지배하다 보니 기존에 멀쩡한 상식도 파괴해버리고 만다. 각종 플랫폼 수수료가 과다하다는 건 일방적인 주장이다. 수수료를 내는 입장에서는 늘 과하기 마련이다. 하지만 플랫폼 기업이 그런 플랫폼을 구축하는 데 드는 비용이나 운영하고 유지하는 데 드는 비용은 고려하지 않는다. 또한, 플랫폼 수수료가 비싸다면 이용하지 않으면 그만이다. 그런데도 이용하는 이유는 얻어가는 혜택이 있기 때문이다.

## 플랫폼 사업자에 대한 왜곡된 시각

앞서 나온 여러 정책에 있어서도 이재명이 가진 왜곡된 시각, 편견을 지적한 바 있다. 보도블록 악마화나 건설업체를 불로소득이나 누리는 토건족으로, 관에서 발주하는 사업을 하는 사람들을 땅 짚고 헤엄치는 사람으로 이해하는 등의 모습처럼 이재명은 플랫폼 사업자에 대해서도 왜곡된 시각을 갖고 있다. 범위를 확장하면, 기업을 하는 사람들, 즉 사업이나 영업을 하면서 돈을 버는 사람들에 대한 시각 자체가 삐뚤어져 있다. 그래서 자기가 직접 하려고 한다. '정부-기업-가계'라는 경제 3주체의 경계를 무너뜨려 버린다. 그래서 공기업인지 사기업인지도 불분명한 기업을 만들어서 '공공'이라는 딱지를 붙인다.

이재명은 물론이고 더불어민주당이 배달의민족뿐만 아니라 네이버와 카카오, 쿠팡 등 여러 플랫폼 사업자를 대하는 태도와 발언을 보면 마치 알리바바의 마윈을 겁박하던 중국 공산당이 바로 연상될 정도다. 이들은 입만 열면 골목상권의 중소상공인을 보호한다고 떠든다. 그러면서 플랫폼 사업자들을 대단히 비윤리적이고, 폭리를 취하는 악덕 기업으로 만들어 버린다.

하지만 이재명과 더불어민주당이 그렇게 끔찍하게 생각하는 중소상인과 골목상권 상인들에게 판매 활로를 열어준 게 바로 플랫폼 사업자들이다. 명동이나 신촌, 신사동, 강남 같은 노른자위 땅에 점포를 열지 않아도 괜찮은 아이템만 있으면 플랫폼에 올려서 많은 매출을 올릴 수 있는 기회의 땅을 제공한 게 플랫폼 사업자들이다. 내 가게 없어도, 공유 매장을 이용해서도 음식을 만들어 팔 수 있고, 외진 곳에서도 많은 고객을 만날 수 있는 길을 만들어준 게 플랫폼 사업자들이다.

플랫폼 덕분에 사람들은 평소에 알 수도 없었던 동네 골목 구석구석까지 찾아간다. 이제는 판매하는 상품이 좋으면 어디서 장사를 하는지가 중요하지 않게 되어서 임대료 부담도 줄일 수 있게 됐다. 플랫폼 노동자의 처우나 경쟁 가열화로 인한 사회적 문제는 그것대로 함께 궁리해서 문제를 해결해나가면 된다.

이재명은 2021년 11월 28일 "온라인 플랫폼 수수료를 신용카드처럼 공개하는 방안을 추진하겠다"라고 말하기도 했다. 뭘 모르고 한 말인 것 같은데, 플랫폼 수수료는 오래전부터 공개되어 있다.

배달특급은 많은 고민거리를 안겨주었다. 향후 각 지자체가 우후죽순 민간기업과 경쟁하는 기업을 만들 경우 공정한 경쟁이라고 말할 수 있는지도 검토해야 한다. 국가나 지자체가 세금을 들여서 기업을 만드는 일이 에너지, 철도, 도로, 물, 산림 등 공공재가 아닌 영역까지 무차별적으로 진행된다면, 그 국가는 시장경제 자본주의 국가인가? 히틀러의 국가사회주의인가? 독일 국민들은 히틀러가 나쁜 일 한다고 생각해서 지지를 보냈겠는가? 히틀러는 나쁜 의도로 기업들을 사실상 국영기업처럼 만들어서 전쟁 물자 생산기지로 만들었겠는가? '지옥으로 가는 길은 선의로 포장되어 있다'라는 칼 포퍼의 말은 이럴 때 쓰라고 만든 말이다.

제11장
# 남의 업적을 훔친 '계곡 정비'

기본소득이니 뭐니 하지만 이재명이 가장 잘한 일로 내세우는 업적은 계곡 정비다. 2020년 6월 이재명은 경기도지사 취임 2주년을 맞아 하천과 계곡 정비사업을 '도민들에게 가장 깊은 인상을 준 사업'이라고 밝혔다. 이재명을 칭송하는 여러 권의 책에도 하나 같이 계곡 정비는 빠지지 않고 담겨 있다. 몇 가지만 소개한다.

> "한 상인은 간담회 자리에 맨발로 나와 '우리도 살게 해줘야 한다'라며 '유예기간을 달라'고 했다. 이재명 지사는 그 자리에서 '수십 년을 유예한 것이다'라고 되받았다. 상인들이 다시 '그러면 그만둘 테니 보상이라도 해달라'고 말하자 이 지사는 '불법행위에 보상을 해줄 수가 없다'고 선을 그었다."
> ─『이재명의 싸움』 p.203, 경기도청 미래성장정책관 임문영 저

> "2019년 여름, 경기도의 강력한 단속으로 계곡 불법영업은 종지부를 찍었다."
> ─『마이너리티 이재명』 p.107, 김용민 저

> "이재명은 불법시설에 대해서는 강력하게 대처했지만, 불법시설이었지만 그곳에서 생계를 유지했던 상인들이 더 좋은 환경 속에서 영업할 수 있도록 적극적으로 지원했다. … 사람들이 이재명이 경기도지사직을 수행하면서 가장 잘한 일

이라고 칭찬하는 것이 '하천계곡 정비사업'이었다."

└『이재명, 한다면 한다』 p.71, 백승대 저

"그의 직무수행 지지율은 경기도가 2019년 하반기부터 추진해 온 하천계곡 불법시설물 정비사업이 본격화되면서 상승세를 탔다. 전국 최초로 시행한 하천계곡 불법시설 정비와 청정계곡 복원사업은 그가 내세운 공정의 가치에 가장 부합하는 사업 중 하나다."

└『이재명론』 p.151, 김윤태 고려대 교수 등 16명 공저

"이재명은 자신의 경기도정을 독재적이며 난폭하다고 비난하는 사람들을 향해 '이래야 세상이 제대로 되지 않을까요?'라고 반문했다. 그는 2020년 10월 9일 SNS에 올린 글에서 '정부 수립 후 한 번도 제대로 철거 못 한 경기도 계곡 불법점유시설을 단 1년 만에 99% 철거함에 있어 강제 철거는 3% 가량에 불과하고 97%는 자진 철거였다'라며…."

└『이재명론』 p.151, 김윤태 고려대 교수 등 16명 공저

위에 나열한 인용문들의 내용에는 우리가 생각해봐야 할 문제가 몇 가지 있다.

## 계곡 영업의 역사

　계곡 불법영업은 시민들의 질타를 받아왔다. 영업하는 사람들도 당연히 질타의 대상이었다. 이재명은 약한 고리를 치고 들어간 것이다. 시민들이 언제든 환영할 준비가 되어 있는 사안이었다. 그러나 세상은 간단치 않다. 그게 무엇이든 우리가 살아온 역사가 있다. 과거에는 문제없었던 게 세상이 바뀌어서 문제가 되는 경우가 많다. 우리는 이걸 가리켜 '진보'라고 한다. 과거의 구습을 하나씩 바꾸어 나가는 것이 진보다. 그렇다고 우리 선조들이 살아왔던 과거를 깡그리 부정하고, 불법으로 몰아붙이는 것은 온당한가?

　대표적인 사례로 거론되는 경기도 포천시의 백운계곡을 보자. 지역언론인 〈포천신문〉이 계곡 영업의 역사를 정리한 기사를 내보낸 적이 있다. 2015년 3월 3일 기사에 따르면, 1985년 제비뽑기를 통해 당첨된 66가구가 희망을 품고 백운계곡에 정착했다고 한다. 그렇게 그 자리에서 영업을 시작했고, 그 역사가 오늘날까지 이어졌다. 그 과정에서 자릿세도 생기고, 관습으로 형성된 상권은 불법성을 전혀 인식하지 못하는 수준이 되었다. 계곡에서 영업하는 상인들은 1985년 이래로 하던 대로 해왔을 뿐이다. 그 사이 세상이 바뀐 것이다. 이 경우 이들을 '불법행위를 저지른 사람'으로, 일방적으로 규정할 수 있는지를 생각해볼 일이다.

　〈포천신문〉은 이렇게 기록하고 있다.

"그 후, 30년! 강산이 세 번 바뀌도록 아직 그들이 살아가는 모습은 바뀔 수도 없었고 바뀌지 않았다. 아름다운 백운계곡을 휘감아 도는 청초한 물소리만 그들의 애환을 벗할 뿐이다. 이제 더는 물러설 곳도 떠나갈 곳도 없게 된 주민들에게 희망이 싹트기 시작했다. … 2013년 5월 28일, 백운계곡을 터전으로 생업에 종사하는 상인들이 모여 '백운계곡상인협동조합'을 설립했다. 설립 취지는 백운계곡을 다시 활성화시켜 보겠다는 취지였다. 그만큼 계곡 주민들의 삶이 팍팍했다."

가진 돈, 가진 땅 없어서 먹고살기 위해 발버둥 쳤던 우리들의 할아버지와 할머니, 아버지와 어머니의 모습은 얼마나 다를까? 절대적 가난에서 벗어난 오늘날 반듯한 삶을 살아가는 사람들에게는 누추한 삶이었지만, 그 누추한 삶을 통해 오늘의 대한민국이 길러졌다. '불법'이라는 한 단어로 무 자를 일이 아니다.

## 스스로 독재자 기질의
## 유전자를 인정하는 이재명

이재명을 칭송하는 책에 담긴 또 하나의 문제는 방식이다. 이재명 스스로 자신에 대해 '독재적이며 난폭하다'라는 비판이 존재한다는 사실을 인지하고 있다. 동시에 '이래야 세상이 제대로 되지 않을까요?'라고 답하는 내용이 그 책들에 담겼다. 전 세계의 모든 독재자들은 선한 의지로 독재자가 되었다. 나쁜 세상 만들려고 독재자가 된 사람은 아무도 없다. 그래서 민주주의자들은 '좋은 독재는 없다'라고 말한다. 독재는 그 자체로 반민주주의이기 때문이다.

이재명은 여론을 등에 업을 수 있는 사안에서는 유독 강력한 리더십을 보여주려고 한다. 이걸 이재명 지지자들은 실행력, 추진력으로 떠받든다. 그럴 거면 박정희, 전두환은 왜 욕을 하는지 이해할 수 없다. 그러면서 그들은 강력한 리더십 운운하며 이재명을 칭송한다. 앞서 소개한 김용민의 글에 잘 나타나 있다.

본질적인 문제는 이게 이재명이 말하는 억강부약과 맞느냐는 거다. 시민들의 비판 여론이 높아서 언제 치고 들어가도 박수를 받을 수 있다는 이야기는, 그 대상이 되는 계곡에서 영업하는 상인들은 굉장히 취약한 상태에 놓여있다는 말이다. 단순히 법을 들이밀면서 '우리도 살게 해줘야 한다'라며 '유예기간을 달라'고 사정하는 상인들에게 '수십 년을 유예한 것이다', '불법행위에 보상을 해줄 수가 없다'라고 선을 긋는 모습이 그렇게 시원해 보이는가? 나는 인정머리 없는 독재자가 보인다. 실제로 과거 군사독재정권과 권위주의정권은 법을 앞세워 피도 눈물도 없이 불법을 단속했다. 불법 노점상을 단속하고, 불법으로 타인 소유지를 점거하고 있다며, 철거민을 두들겨 패서 내쫓았다. 모두 법을 앞세운 행정이었다. 나는 둘 사이에 큰 차이를 느끼지 못한다. 우리가 인지할 수 있는 명백한 불법에는 단호하게 대처하는 게 당연하다. 이를테면, 각종 범죄행위가 그렇다. 그러나 계곡 영업이든, 도로 노점상이든, 시장 골목 좌판이든, 우리가 가난하고 힘들게 살던 시절 먹고살기 위해 해오던 방식을 법이라는 잣대를 들이대면서 야멸차게 하는 행정이 권장할 만한 행정인가?

물론 그들 중에는 배부른 사람도 있을 것이고, 막대한 부를 축적한 사람도 있을 것이다. 그렇다고 그 사람들 전체를 삐딱한 시선으로 쳐다보고 피도 눈물도 없이 법을 집행하는 방식은 더불어민주당 역대 지도자들이 택하지 않은 방식이었다. 당장 서울시만 하더라도 불법 노점상을 그냥 단속하는 게 아니라 합법화하는 방향으로 나갔다. 길거리에 깨끗하게 점포를 만들고, 정식으로 등록하게 해서 세금도 내게 하는 방식이었다. 법을 앞세울 것 같으면, 시장 골목 어귀 귀퉁이에 채소 몇 가지 늘어놓고 판매하는 노인분들도 전부 불법이다. 이재명 방식이면, 이분들도 불법이니 단호하게 법 집행을 할 것이다.

## 이재명이 싸운 사람들은 우리 사회의 약자들이었다

이재명이 성남시장 시절 관할구역인 남한산성의 불법 영업을 단속한 사례를 보자. 경기도청 미래성장정책관 임문영 씨가 쓴 『이재명의 싸움』(p. 205)에는 "2020년 11월 마지막까지 저항하며 남아 있던 노점 두 곳의 주위에 아예 펜스를 설치해 노점 자체를 원천 봉쇄해버렸다. 다음 달, 결국 이들 불법 노점상들은 두 손을 들었다. 이렇게 10년 만에 남한산성의 불법 노점상이 완전히 사라졌다. … 불법을 저지르는 사람이 혜택을 받고 공권력이 이를 묵인해주는 것을 그대로 두면 안 된다는 생각 때문이었다"라고 쓰고 있다.

노점 주변에 펜스를 설치해서 노점 자체를 막아버렸다는 이야기다. 속 시원하고 실행력 넘치는 행정인가? 사람마다 반응이 다르겠지만, 나는 행정의 폭력성을 봤다. 이재명을 선호하는 사람과 싫어하는 사람의 차이가 드러나는 지점이다. 이재명 지지자들이 이재명을 선호하는 주된 이유 중의 하나는 역대 민주당 소속 대통령들이 민주주의 원칙을 지키느라 시원하게 개혁하지 못했다는 답답함이다. 그냥 시원하게 보수언론 조중동을 밀어버리고, 국민의힘도 쓸어버리고, 개혁에 저항하는 관료들 싹 정리해버리고, 검찰은 해체해버리는 그런 희망을 이재명에게 투영하고 있다. 이재명은 그들의 바람에 부합하는 행정을 선보였다.

그러나 이재명이 속 시원하게 밀어붙이는 행정의 대상이 누구인지를 자세히 보라. 이 책에서 거론된 사례 중에 정말 힘이 센, 즉 권력이 센 세력과 붙어서 싸운 사례가 있는가? 홍남기? 그는 힘이 없다. 입이 있어도 이재명과 맞서 싸울 수 없는 행정관료일 뿐이다. 이재명 혼자 일방적으로 린치를 가했다. 이재명이 속 시원하게 밀어붙이는 대상은 약자들이다. 계곡 영업 상인, 남한산성 불법 노점, 그리고 이재명의 인성에 문제가 있다는 사례로 거론되는 철거민들과의 몸싸움, 휠체어를 탄 장애인들이 항의하자 엘리베이터를 정지시켜버린 사건 등 이재명이 법치주의를 내세워 싸운 대상은 우리 사회에서 힘없는 사람들이었다.

## 이재명의 계곡 정비 이후에 어떤 일이 생겼을까?

2021년 7월 13일 〈한국일보〉는 현장 르포 기사를 게재했다. 이재명이 정비했다는 계곡이 어떻게 되어있는지 점검하는 기사였다. 계곡에 놀러 오는 시민들은 이제 상인들이 판매하는 음식을 사 먹지 않아도 된다. 계곡은 얼마든지 이용할 수 있다. 정말 좋아졌다. 문제는 없었을까? 기사는 이 지점을 짚었다.

기사에 나오는 백운계곡 상인들은 "경기도와 포천시의 요청에 따라 불법 시설물을 자진 철거하고, 사유지 주차장까지 개방했지만, 돌아온 건 생계 위협뿐"이라고 말했다. 그래서 포천시에 민원을 제기했다고 한다. 과거에는 시민들이 상인들의 불법 시설물 철거를 요구하며 민원을 제기했다면, 이제는 계곡 상인들이 방문객들의 '비매너'에 역 민원을 제기한다는 것이다. 기사에 따르면, 백운계곡의 경우 주말에 하루 1만 명 가까이 밀려들면서 주차 공간이 턱없이 부족해서 주차 대란이 벌어진다. 주변 식당이 모두 주차장으로 변한다는 것이다. 상인들 입장에서는 음식 판매도 못 하면서 주차 대란으로 몸살만 겪게 된 것이다. 거기에다 쓰레기를 버리고 가면 이걸 처리하는 것도 상인들의 몫이다.

이종진 백운계곡상인협동조합장은 〈한국일보〉 기자에게 이렇게 말했다. "주차장을 이용하는 관광객 10명 중 9명은 음식은 주문하지 않고 한나절 넘게 머물다 간다. 상인들이 장사는 못 하고 1년 넘게 쓰레기만 치우는 신세가 계속되면서 주차장 폐쇄도 고려하고 있다"라고 말이다.

이 글은 계곡에서 장사하는 사람들의 잘못된 행태에 대한 변호가 아니다. 그들의 행태도 비판받아야 마땅하다. 그러나 문제를 해결하는 데 단순히 법의 잣대를 들이대는 방식은 과거 독재정권, 권위주의정권 방식이라는 점을 지적하는 것이다.

이재명은 계곡 정비를 자신의 최고 업적으로 내세우며 지지율 상승을 만들어냈다. 그러나 정비만 했을 뿐 그 이후에 생길 문제는 나 몰라라 한다. 이제는 경기도지사가 아니라는 핑계를 댈 것이다. 대장동 개발 사태가 터졌을 때도 이제 자기는 성남시장이 아니라서 모르겠다는 식으로 대응한 모습이 그랬다. 이재명의 행정은 늘 이런 식이다. 사후에 생길 문제는 관심 밖이다. 그저 여론이 뒷받침해주는 사안에 달려들어 여론이 원하던 바를 실행하고 업적 하나 만들면 그만이다.

## 계곡 정비는
## 조광한 남양주시장이 선도했다

　어떻든 계곡 정비는 이재명에게 지지율 상승을 안겨줬다. 그러나 계곡 정비의 선도자는 남양주시장 조광한이었다. 조광한은 2018년 6월 시장에 당선되자마자 8월부터 계곡 정비에 나서서 2019년 6월에 마무리 지었다. 중요한 건 남양주시의 경우 정비 이후에도 잡음이 없다는 점이다. 행정은 뒷마무리까지 깔끔해야 일을 잘했다고 평가할 수 있다. 이재명의 행정은 깔끔한가?

　조광한은 2020년 12월 더불어민주당 지방정부 우수 정책 경진대회에서 '물 환경 대상 정책 부문' 최우수 정책으로 선정돼 당 대표 1급 포상을 받았다. 2021년에는 '제17회 대한민국 지방자치경영대전'에서 지역개발 분야 최고상에 해당하는 대통령상(대상)을 수상했다.

## 이재명,
## 조광한을 짓밟다

　조광한이 계곡 정비에 성공해 몇 개의 언론 기사가 나온 2019년 8월 이재명도 계곡 정비에 나섰다. 계곡 정비하겠다는 보도자료부터 뿌렸다. 기사가 수십 개 쏟아졌다. 이재명은 계곡 정비를 소재로 경기도청에 출입하는 기자들 상대로 열심히 언론플레이를 하고 전국적인 관심사로 끌어올렸다.

공공산후조리원 사례처럼, 이재명의 주특기는 실제로 하지도 않은 정책을 마치 한 것처럼 착각하게 만드는 기술에 있다. 언론의 협조가 없으면 불가능한 일이지만, 이재명은 그야말로 '합니다'. 그리고 무상교복 사례처럼 다른 지자체에서 먼저 시작한 정책도 이재명이 먼저 한 것으로 바꾸는 재주도 있다. 역시 언론 덕분이다. 계곡 정비도 그런 사례다. 기사가 얼마나 많이 나왔는지 계곡 정비는 이재명을 연상하게 만들었다. 그리고 '일 잘하는 이재명'이라는 이미지를 만드는 데 큰 역할을 했다.

경기도지사 취임 2주년 때 이재명이 계곡 정비를 자랑하고 언론들이 수십 개의 기사를 쏟아내자 남양주시 어느 공무원이 남양주시가 최초로 했다는 댓글을 달았다. 그러자 이재명은 남양주시에 대해 보복 감사에 들어갔다. 공무원의 정치적 중립 의무 위반이 핑계였다.

(이재명은 평소 공무원들에게 열심히 댓글을 달 것을 강조한다. 심지어 성남시청에도, 경기도청에도 공식적으로 SNS 담당 직원들이 있다. 이들도 정치적 중립 의무 위반 논란이 있었다. 『굿바이, 이재명』을 쓴 장영하 변호사가 선거법 위반으로 고소했는데, 이 사건은 검찰에서 가타부타 말도 없이 뭉갰다.)

기사에 댓글을 달았던 그 공무원은 2020년 11월 경기도 감사관실이 실시한 특별조사 과정에서 "옷만 벗기지 말아 주세요!"라고 선처를 부탁하기까지 했다. 조사를 받은 직원은 법적으로 보장된 공무원 신분임에도 위협과 공포심을 느꼈고, 동료나 상사에게 조사 내용을 발설하지 말라는 조사 담당자의 압박에 두려움과 괴로움으로 한동안 잠을 이루지 못했다고 하소연했다고 한다.

## 공안통치를
## 방불케 하는 감사

이재명은 자신이 직접 기사를 살펴보기도 하지만 경기도 예산으로 운용되는 SNS 인력들이 거의 실시간으로 모니터링을 한다. 댓글을 달았다는 이유로 감사를 받은 공무원을 대상으로 한 조사는 안기부의 남영동 분실을 연상케 한다. 조광한의 증언에 따르면, 경기도는 댓글을 작성한 직원들의 포털 사이트 아이디를 추적하고 사찰했다고 한다. 조사 담당자 앞에서 포털 사이트에 강제로 로그인시키고 본인의 아이디가 맞느냐고 자필 서명을 강요하기도 하고, 심지어 하위직 공무원들을 대상으로 "혼자 뒤집어쓰지 말고 윗선을 대라", "댓글을 다는 건 현행법 위반이다"라는 등의 말을 하며 취조했다고 한다. 1980년대 공안통치 시절 남영동 대공분실이 하던 일이 바로 윗선 찾아내기였다. 고 박종철 열사도 윗선을 대라는 취조를 받다가 고문으로 숨졌다.

어떤 직원에게는 이미 삭제했었던 댓글 내역을 보여주며 "남 걱정이나 할 때가 아니다"라며 직원들 사이를 이간질하고 답변을 강요하기도 했다고 한다. 이게 끝이 아니다. 윗선은 물론이고 조직적인 댓글로 몰아가며 조사를 했다고 한다. 대권 후보 1위로 올라선 시점에 이재명을 음해하려는 세력의 공작이라는 거다.

경기도 감사관실 논리에 의하면, 이재명을 비판하면 정치적 중립 위반이고, 이재명을 칭찬하는 댓글은 아무런 문제가 없는 행위가 된다. 더구나 당사자의 동의도 없이 무단으로 아이디와 댓글 정보를 수집하고 관리한 행위는 국정원이 정치인 사찰하는 행위와 무엇이 다를까? 경기도지사라는 권력을 갖고도 이 정도인데 대통령이 되면 당장 이 책을 쓴 우리부터 탈탈 털려서 소리 소문없이 끌려가는 일이 생기지 않는다고 장담할 수 없다. 경기도청의 행위는 헌법에서 보장한 개인의 사생활 비밀과 자유 및 표현의 자유 등 인간으로서 누려야 할 당연한 기본권을 침해하는 심각한 범죄행위다.

조광한 남양주시장은 경기도의 감사가 적법한지 여부를 가리기 위해 헌법재판소에 권한쟁의 심판을 청구했다. 또한, 이재명과 경기도 감사관실의 담당자들을 직권남용 및 개인정보 보호에 관한 법률 위반으로 고발한 상태다.

# 거짓이 들통나자
# 대수롭지 않은 일로 만든
# 이재명

　거짓말을 자주하거나 범죄를 저지른 자들은 잘못을 들키면 대수롭지 않은 일로 만들어버린다고 한다. 별일 아니라는 식이다. 이재명이 그랬다. 더불어민주당 대통령 후보 경선에서 계곡 정비에 관한 질문이 나왔다. 김두관이 물고 늘어지자 이재명은 마지못해서 남양주시가 하천 계곡 정비를 먼저 시작한 것이 맞다고 인정했다. 그러면서 "누가 먼저 한 게 뭐가 중요하냐"고 대수롭지 않다는 듯이 말했다. 그동안 '이재명이 도덕성은 개판이어도 일은 잘한다'는 이미지를 만드는 데 크게 일조한 업적을, 자기가 최초가 아니라고 들통나자 가벼운 사안으로 만들어버린 것이다.

　이재명은 계곡 정비를 '전국 최초'라고 강조하며 언론플레이를 했다. 그런데 최초가 아니란 게 들키자 '광역단체에서 최초'라고 말을 바꾼다.

　이와 비슷한 사안이 '드라이브스루(Drive-through)'다. 코로나 확진자가 속출하면서 기존 방식으로는 코로나 검사를 감당할 수 없는 상황이 되었다. 이때 '드라이브스루', 즉 자동차를 탄 채로 검사를 받는 방식이 나왔다. 이재명 본인 입으로 '최초'라는 수식어를 사용하지 않았지만, 초기에 몇몇 언론들은 드라이브스루 방식의 코로나 검사를 이재명이 제안해서 시행된 것으로 보도했다. 이재명이 오해하게 발언했기 때문이다.

이재명은 2020년 2월 27일에 정부서울청사 중앙사고수습본부 회의에서 '드라이브스루'를 제안했다. 이재명은 "지금처럼 1대 1 진료를 하게 되면 위험 노출도 크고 방호복 같은 물품 소모도 많기 때문에 드라이브스루 형태의 선별진료소를 만들면 어떨지 생각해봤다"라고 말했다. 누가 읽어도 드라이브스루는 이재명의 아이디어로 읽힌다. 진실한 사람이라면 어디에서 봤건, 혹은 들었건, 이런 이야기를 전제한 뒤에 자기 의견을 추가했을 것이다. 그러나 이재명은 마치 자기가 생각해낸 아이디어인 것처럼 말했다. 그래서 몇몇 언론도 초기에는 이재명 아이디어로 기사를 내보냈다가 이미 다른 사람이 낸 아이디어란 걸 알게 되어 더 이상 이재명을 언급하지 않았다. 드라이브스루 방식을 처음 제안한 사람은 인천광역시의료원의 김진용 과장이고, 김 과장은 그 공로를 인정받아 2020년 11월 대통령 표창을 수여받았다.

이재명이 도덕성은 형편없어도 일은 잘한다고 한다. 도대체 무슨 일을 잘했다는 건지 모르겠다. 이재명 업적 중에 나름대로 비중 있다고 생각한 사례만으로 여기까지 왔는데, 이재명이 실제로 잘한 일이 있었나? 이제 몇 개의 업적을 더 살펴보겠다.

제12장

# 완장 찬 골목대장 놀이 '신천지 급습'

이재명 본인은 물론이고 그 지지자들이 "역시 이재명이야"를 외쳤던 장면은 코로나 국면에서 신천지 과천본부를 쳐들어가는 장면이었다. 마치 박정희가 한강 다리를 건너 5·16 쿠데타를 성공시킨 직후 선글라스를 낀 채 차지철 등을 옆에 세워놓고 사진 찍은 역사의 한 장면처럼, 이재명은 신천지를 급습한 장면으로 비슷한 효과를 노린 것으로 보인다.

당시 상황을 경기도청 미래성장정책관 임문영 씨는 『이재명의 싸움』(p.242)에서 이렇게 묘사했다.

> "2020년 2월 25일 오전 10시 30분, 경기도 과천시 신천지 본부에 경기도의 역학조사관 두 명, 경기도 특별사법경찰관의 디지털포렌식 전문가 두 명 등 관계 공무원 40여 명이 경찰과 함께 찾아갔다. … 상황이 심각하다고 본 이재명 지사는 오후 2시 직접 현장에 달려갔다. 그는 '지금은 전쟁 상황입니다. (신도) 명단을 확보할 때까지 철수를 금지합니다.'"
>
> ─『이재명의 싸움』p.242, 임문영 저

"지금은 전쟁 상황입니다"라는 말은 대단히 인상적인 표현이었다. '전쟁 상황'이라는 표현과 현장 급습을 연출한 이재명과 연결하면, 드라마틱한 장면이 된다. 사실 이재명은 '전쟁'을 좋아한다. 2016년 지방재정법 개혁 당시 광화문에서 단식 농성을 할 때도 "지방자치 죽이기 전쟁 선포 피하지 않고 응전"이라고 표현하며 자신을 전쟁터에 나선 장수로 묘사했다. 계곡 정비를 할 때도 "불법행위와의 전쟁 선포"를 외쳤고, 자신을 향한 비판이 쇄도하자 일베에 '전쟁 선포'를 선언했다. 2017년 대통령 후보 경선에서 패배한 뒤에는 "더 큰 전쟁을 준비하자"라고 외쳤다. 이 밖에도 전쟁은 이재명의 각종 정책에 등장한다.

## 박정희처럼 긴급명령 좋아하는 이재명

전쟁 못지않게 이재명은 '긴급명령', '긴급조치'도 좋아한다. 신천지 사태 당시 이재명은 "신천지 관련 모든 시설을 강제 폐쇄하는 긴급행정명령을 발동"했다. 이재명은 수시로 '현행범 체포'를 언급하기도 한다. 신천지 사태 당시에 관해 김윤태 고려대 교수 등 16명이 쓴 『이재명론』(p.153)에서는 "과천 신천지본부를 상대로 강제 역학조사를 실시해 신도 명단을 확보하는 등 적극적인 행보에 나섰다. 지자체가 행정력을 동원해 종교시설을 대상으로 강제 조사에 나선 것은 파격적인 조치였다. … 이만희 신천지 총회장의 검체를 채취하겠다면서 직접 가평에 있는 신천지 별장 '평화의 궁전'으로 달려갔다"라고 썼다.

이 사안도 우리는 근대민주주의 국가의 법치주의가 어떤 의미를 갖는지 생각하며 곱씹어봐야 한다. 이만희는 이미 여론의 지탄을 받고 있어서 가장 취약한 상태였다. 이재명은 이 여론에 올라타서 자신의 업적을 만들기 위해 이만희를 희생양으로 삼았다. 비판 여론이 압도적인 상황이어서 이재명이 어떤 조치를 취해도 여론은 환호할 태세가 되어 있었다. 교묘한 현대판 마녀사냥이다. 이재명에게 법은 그런 수단이다. 권력을 잔인하게 쓴다는 의미는 여론에 올라타서 최후의 일격을 가하는 주인공이 되는 데 필요한 권력을 의미한다.

이재명이 권력을 활용하는 방식은 정치를 전쟁으로 생각하는 이재명 지지층의 욕구에도 부합한다. 이들은 국민의힘 때려잡고, 토착 왜구도 박살 내는 그런 강력한 리더십을 희구한다. 이재명은 그런 갈증을 해소해주는 역할을 하며 대선 후보 자리까지 올랐다. 이들은 전두환-노태우를 사면한 김대중도 불만이고, 민주주의 절차를 지키려 했던 노무현도 불만이며, 박근혜를 사면한 문재인도 불만이다. 때려잡고 척결해야 할 대상들에게 관용을 베푸는 리더십은 물러터진 리더십이다. 그래서 강력하게 권력을 휘두르는 독재자의 면모를 가진 이재명에게 환호한다. 신천지 사태에서 이재명이 보여준 이벤트는 그런 민주당 지지층의 갈증을 해소하는 사이다가 되기에 충분했다.

이 같은 모습은 이미 성남시장 당시에도 선보인 바 있다. 메르스 사태로 박근혜 정부가 코너에 몰린 상황에서 이재명은 여론의 불만을 등에 업고 SNS에 메르스 환자의 신상정보를 공개했다. 박근혜가 미웠던 정적들은 시원했을 것이다. 그러나 개인 정보가 이렇게 공개되는 것은 근대민주주의 국가에서 인권 침해를 자행하는 것이다. 동시에 개인정보 공개는 사태 해결에도 별 도움이 안 된다.

## 이재명의 행동으로
## 신천지 명단 못 받을 뻔

　이재명이 과천 신천지 본부를 급습한 이벤트로 정부가 물밑에서 협상 중이던 신천지 명단 입수에 차질이 빚어질 뻔했다. 당시 이 내용을 보도한 〈한국일보〉에 따르면, 이재명이 과천 시설을 찾기 전, 정부가 신천지 고위 간부로부터 전체 신도 명단을 제공받기로 '물밑 약속'을 받아둔 상황이었다. 그런데 이재명이 급습 이벤트를 하면서 신천지 측이 "정부를 못 믿겠다"고 버텼다. 설득 끝에 정부는 신도 명단을 손에 쥘 수 있었으나, 시간이 지연됐고 당초 받기로 했던 주민등록번호 등의 정보가 빠진 명단을 입수할 수밖에 없었다고 한다. 정부 고위 관계자는 이 후보의 행동에 대해 "국가 전체를 위한 일이 무엇인지 생각하지 않는 듯 보였다"라고 말했다고 한다. 당시 정부의 전체적인 그림을 해쳤다는 비판이다. 그러자 이재명은 "청와대, 국무총리실과 조율을 거쳐 진행했다"라고 해명했다. 정부가 부드럽게 나가고, 경기도는 강하게 나가는 투트랙 전략이라는 것이다. 정부 입장에서 이재명이 완강하게 현장에 가겠다고 하는데 한사코 막을 수도 없는 노릇 아니 겠는가? 막아서면 또 어떤 분란을 일으킬게 뻔하기 때문이다.

이와 비슷한 이벤트는 다시 재현된다. 2021년 7월 23일 이재명이 '몰래 영업'을 하는 심야 유흥주점을 급습했다는 뉴스가 떴다. 이재명이 직접 현장 단속에 나선 것이다. 앞서 이재명은 골목대장 놀이를 좋아한다고 서술한 바 있듯이, 경기도지사가 현장 단속에 나가는 것은 아무리 좋게 생각해도 말이 안 되는 일이다. 계급을 구분해서 그런 것도 아니고, 이게 쇼가 아니면 도대체 무슨 의미를 부여할 수 있는 행위일까?

쇼라는 사실은 객관적으로도 확인된다. 이재명의 열혈 지지자인 김용민이 페이스북에 올린 글이 객관적 증거다. 김용민에 따르면, 당시 이재명은 〈김용민TV〉에 출연했고, 저녁 8시까지 방송이 예정되어 있었다. 8시를 넘기자 수행실장인 김남국 의원이 종료를 재촉했고, 현장으로 갔다고 김용민은 증언하고 있다. 이재명은 떠나면서 김용민에게 "경선 활동도 해야 하지만 그렇다고 도정에 공백이 있어서는 안 된다"며 서둘러 나갔다고 한다. 심야 불법영업 현장을 급습하는 일이 도지사에게 그렇게 시급한 일이라면, 평소에 현장을 단속하는 공무원들은 도지사 없이 제대로 단속을 못 해왔다는 이야기일까? 그렇게 시급하면 매일 현장 단속이나 나가는 게 어땠을까? 왜 이날만 현장에, 그것도 정해진 시간에 가는 것일까? 정해진 시간에 가는 단속이 급습인가? 시간을 알 수 없도록 하는 것, 즉 예정된 시간이 없어야 급습 아닌가? 심지어 기자들이 현장에 미리 대기하고 있다가 사진도 찍었다. 세상에 이런 급습이 어디에 있을까?

김용민은 뻔해 보이는 이벤트 쇼를 갖고 "실로 대단한 분입니다"라며 용비어천가를 읊조린다. 대한민국이라는 나라의 정치가 도대체 어쩌다가 이렇게 예능이 되어버렸을까? 코미디를 찍는지, 연극 무대를 설치했는지, 무협 활극을 찍는지 그 장르도 불분명한 '가상 세계'를 광역단체장의 현장 행정으로 포장하는 행태는 한심스러움을 넘어 정치에 대한 환멸을 불러올 정도다.

## 사회적 거리두기는 쇼라더니 혼자서 쇼하는 이재명

이재명은 한술 더 떠서 2020년 12월 12일에는 정부 대처가 미온하다는 식으로 말하면서 "사회적 거리두기 강화 방안을 적극적으로 검토해줬으면 한다. 안 되면 경기도만의 선제 시행을 준비하겠다"라고 밝혔다.

그런 이재명이 어떤 말을 했는지를 보자. 6개월 전인 2020년 6월 23일 이재명은 정부에서 사회적 거리두기 강화를 검토하자 "엄포나 쇼, 가급적 이런 것들을 하지 말고 대중을 믿어야 한다. 어차피 장기전으로 가야 하기에 오히려 야외활동으로 풀어야 한다"라고 말했다.

신천지 급습이나 현행범 체포 운운은 엄포가 아니면 무엇일까? 사회적 거리두기 강화를 쇼라고 말해놓고서는 6개월 뒤에는 선제적으로 사회적 거리두기 강화를 시행할 준비를 하겠다는 말은 어떻게 이해해야 할까? 정치인의 말이 호떡 뒤집듯이 아무렇지 않게 번복되는 현상은 이재명에게는 너무 흔한 일이라 둔감해질 정도다. 마치 논란이 너무 많아서 이재명의 도덕성은 그냥 논외로 치고 넘어가는 현상처럼 말이다.

## 대화와 설득보다는 강제력 동원을 먼저 생각하는 이재명

신천지 사태 당시 정부는 법을 앞세워 전쟁이니 긴급명령이니 운운하며 강제력을 동원하지 않았다. 일차적으로 대화와 설득하려 했다. 이게 민주적인 방식이다. 설득을 했고 협조를 이끌어냈다.

하지만 이재명은 신천지에 대한 국민적 분노를 활용했다. "신천지가 명백하게 사실을 고의로 속였다고 본다. 감염병 대응은 속도와 정확성이 중요한데 확진자가 기하급수적으로 늘어나고 있어 기다릴 수 없고 강력한 속도전이 필요하다. 미행적인 특성을 가진 신천지는 신분이나 예배 장소도 숨기고 숫자도 숨기고 있다. 일면 이해하지만 위기 상황에서 사실을 확인하고 대응조치가 필요하며 애초에 상황이 발생하고 협조에 불응했던 그 순간에 바로 강제 조사를 해야 했다"라고 말한다. 마치 대단한 결단력을 가진 듯이 자신을 뽐내면서 정부의 조치가 미온적이라는 식이다.

철학의 차이가 극명하게 드러나는 대목이다. 이재명은 정부의 대응이 신속해야 했고, 그러려면 강제력을 동원했어야 한다는 입장이다. 이재명은 신천지를 향해 "감염병 예방 및 관리에 관한 법률 제18조 3항 제79조에 의하면 역학조사에 불응할 경우 최고 징역 2년에 처할 수 있고 현행범은 누구나 체포할 수 있다. 불응하면 현행범으로 체포하겠다"라고 큰소리를 치고 3월 2일 저녁 7시에는 신천지 교주인 이만희를 체포한다며 강원도 가평군에 있는 신천지 연수원(평화의 궁전)으로 출발했다. 이만희는 이재명이 온다는 소식을 듣고 연수원을 떠나 과천보건소에 가 드라이브스루로 검진을 받았다. 누군가는 이재명이 이만희를 강제로 역학조사하기 위해 직접 쳐들어갔기 때문에 이만희가 검진을 받았다고 말할지도 모르겠다. 그러나 이 장면에서 생각해볼 것은 이런 식의 행정이 정말 바람직한 행정이냐는 것이고, 이게 일을 잘한다는 소리를 들을 일이냐는 것이다.

오히려 과거 70, 80년대 중·고등학교 아침 등굣길에 정문 모습이 연상된다. 완장을 찬 상급생들이 하급생들 두발과 복장을 체크하고 검사하던 무서운 풍경이 연상된다. 이문열의 소설 『우리들의 일그러진 영웅』에 등장하는 엄석대의 모습도 별반 다르지 않다. 이재명이 툭하면 전쟁과 긴급명령을 운운하고, 현행범으로 체포한다면서 직접 현장에 나가는 모습은 완장 하나 차고 골목대장 놀이하는 풍경이 연상된다.

## "권력은 잔인하게 써야 한다"는 이재명

이재명은 과거 김어준이 진행하는 방송에 출연해서 "문재인의 단점은 뭐라고 보는가?"라는 질문에 "너무 착한 게 문제예요. 나는 권력은 잔인하게 써야 한다고 믿는 사람이에요. (문재인에겐) 강력한 리더십과 추진력이 부족하다고 느끼죠"라고 답했다.

앞서 계곡 정비, 남한산성 불법 노점상 단속 등에서 언급했듯이 이재명은 법치주의를 앞세워 강력한 행정력을 동원하는 리더십을 추구하는 인물이다. 이 자체만으로도 역대 민주당이 배출한 대통령들과는 전혀 다른 리더십이고, 오히려 보수 정당이 추구했던 리더십과 더 어울린다.

이재명의 생각을 조금 더 보자. 2016년 7월 13일 페이스북에 "정치란 전쟁의 축소판이고, 초과이익 누리며 지배하는 소수 기득권자와 기회를 잃은 다수 서민의 투쟁이다. … 궁극적으로 사회는 화해와 포용 기조 위에 통합되어야 하지만, 다수의 피해 위에 소수의 초과이익이 보장되는 시스템을 교정하고, 공정경쟁이 가능한 질서 위에 공평한 기회가 부여되는 합리적 사회를 만들려면 강한 의지와 투쟁이 필요하다"라는 소신을 밝힌다.

우리 연구회는 이재명의 생각을 존중한다. 그러나 민주주의자의 리더십으로는 인정하지 않는다. 정치를 전쟁으로 인식하는 정치인과 지지자들이 다수를 점하는 한 대한민국 정치는 대화와 타협의 장이 아니라 투쟁의 장으로 머물러 있을 것이고, 정치는 혐오와 분노의 대상에 머물러 우리 사회 진보에 선한 영향력을 행사하기 힘들 것이기 때문이다.

## 일부러 긴급명령 운운한다고 변명하는 학자들

이재명을 지지하는 김윤태 고려대 교수 등 16인이 공저한 『이재명론』(p.155)에서는 "이재명은 긴박하고 위험한 상황에 신속하게 대처하려고 일부러 행정명령, 긴급명령 등 '명령'이라는 단어를 많이 사용했다. 행정기관은 보통 '조치'라는 단어를 많이 쓰지만, 굳이 '명령'이라는 단어를 쓴 것은 나름의 의도가 있었다. 2020년 5월 28일 〈오마이뉴스〉와의 인터뷰에서 '왜 건방지게 도지사가 나한테 명령하느냐?' 이런 사람도 있더라. 그런데 '원래 정부를 운영하려면 말로 해서 안 될 때 강제로 관철하기 위한 수단이 필요하다'라며 '그게 권한이다. 워낙 긴급한 상황이었고, 꼭 필요했기 때문에 강력하게 반드시 관철해야 했다'라고 설명했다. 사실 이재명은 법에 정해진 본인의 책무와 권한을 적절하게 이행한 것뿐이다"라고 서술한다.

우선 이 책의 저자들은 나름대로 각 분야의 전문가라고 하는 사람들이다. 저자로는 김윤태(고려대 사회학 교수), 장동훈(전 한국정책방송원장), 김태형(심리학자), 최영묵(성공회대 미디어 컨텐츠융합자율학부 교수), 김봉신(리얼미터 수석부장), 최경준(오마이뉴스 선임기자), 김세준(기본소득운동본부 상임대표), 은민수(고려대 공공정책학부 초빙교수), 양진홍(인제대 헬스케어IT학과 교수), 장대섭(한국감정평가사사무소 대표), 전용복(경성대 국제무역통상학과 교수), 최경준(제주도 사회교육학과 교수), 박종철(경상국립대 일반사회교육학과 교수), 정한범(미래안보포럼 공동대표), 남승훈(한국표준과학연구원 책임연구원), 최완석(한국국제대 물리치료학과 교수) 등이 참여했다.

이들도 이재명이 툭하면 긴급명령 운운하는 행태가 걱정스러웠는지 '일부러'라는 표현을 쓰며 마치 이재명이 본심과 다르게 일부러 그런 과격한 용어를 사용하는 것처럼 둘러댄다. 그러나 다양한 이재명의 발언을 살펴보면 '일부러' 그런 표현을 쓰는 건 절대 아니다. 이재명은 자신이 가진 권력을 최대한 쓰고 싶어 하는 사람이다. 권력을 가진 지도자가 절제해야 한다는 미덕은 찾아볼 수가 없다.

"말로 해서는 안 될 때"라는 표현도 참으로 익숙하다. 가부장 질서가 지배하고, 학교와 사회에 군대식 위계문화와 폭력이 만

연하던 시절, "말로 해서 안 되기 때문"이라는 명분으로 가정, 학교, 사회, 그리고 국가 차원에서 수많은 폭력이 자행됐다는 사실을 상기할 필요가 있다. 말로 해서 안 되는 경우는 폭력의 질서가 지배하는 세상, 그리고 거대 양당이 극단적인 주장이 지배해서 타협이 안 되는 상황 말고는 없다. 박근혜조차도 우리는 말로 퇴진시켰다. 촛불집회도 물리력이 동원되지 않은 말로 이뤄낸 혁명이었다.

'강제력'이라는 국가폭력은 엄격한 규정하에 정말 최후라고 생각되는 그 순간에 발동해야 하는 수단이다. 민주주의가 고도로 발전한 사회에서는 그래야 한다. 신천지 사태 당시 최고 책임자인 대통령조차 '긴급'이라는 단어를 거의 사용하지 않았다. 그런 단어를 사용하는 것은 지도자 스스로 위기를 조장하거나 확대시키는 처사이기도 하고, 사회에 불안을 전파하기 때문이다. 더구나 이재명처럼 수시로 전쟁, 긴급명령, 현행범 체포 운운하는 것은 그 자의성이 가장 큰 문제다. 긴급하다는 그 모든 판단을 이재명 독단적으로 하기 때문이다. 독재로 가는 길은 결코 멀리 있지 않다. 이재명이 신천지 사태에서 보여준 모습은 독재자의 모습 그 자체였다.

# 경기대 기숙사 강제 확보 사태에서
# 독재자의 모습을 보여준 이재명

2021년 8월 9일 자 〈한국일보〉 인터뷰에서 이재명은 "방향을 정할 때는 신중하지만 일단 결정되면 신속하게 집행한다. 뜨뜻미지근하거나 반발이 있다고 안 하면 국민들의 실망 요소가 된다"라고 말한다.

이 말에 동의하는 사람들이 적지 않을 것이다. 이재명은 바로 그런 심리를 이용한다. 여론이 우세한 사안, 앞서 나온 계곡 불법 영업, 불법 노점상 등 시민들이 눈살을 찌푸리고 있어서 언제든지 칠 수 있는 조건이 된 사안에 있어서 이재명은 결단력과 추진력, 실행력 있는 모습을 보여준다. 그렇다. 여론의 뒷받침이다. 독재자는 총칼로 만들어지기도 하지만, 대중의 여론이 만들기도 한다.

2020년 12월 13일 이재명은 "생활 치료시설 긴급동원조치에 착수한다"라며, 경기대 기숙사를 강제로 확보한다고 발표했다. 얼마나 긴급한지 모르겠지만, 발표 즉시 당장 환자들이 입소하는 것도 아닌 상황에서 멀쩡히 기숙사에 거주하고 있는 학생들은 물론이고, 해당 대학과 협의도 하지 않고 자기 마음대로 징발하는 것이 타당한지를 생각해봐야 한다. 이런 시설을 아무런 협의 없이 징발하는 것은 그야말로 '전시상황'에서나 양해될 사안이다. 당시 상황은 당장 환자를 수용하지 못하는 것도 아니었다. 그런데 이재명은 "전시상황에 준해 엄정 대응에 돌입한다"라며,

이 같은 조치를 일방적으로 발표했다.

'전시상황'은 그냥 빈말이 아니었다. 실제로 군부대가 투입됐다. 이재명이 국방부에 병력 지원을 요청한 것이다. 그래서 경기대 인근의 사단 병력이 투입되면서 강제퇴거에 군인들이 투입된 것으로 오해를 불러일으키기도 했다. 도대체 당장 환자들이 입소하는 것도 아닌 상황에서 군부대까지 출동시켜서 국방부가 괜한 오해를 받게 만들고, 기숙사에 멀쩡히 생활하던 학생들은 졸지에 길거리에 나앉아야 할 정도로 전시상황이었나? 이런 골목대장 놀이에 경기도지사라는 권한이 사용되어도 괜찮은가? 대한민국 안에 경기왕국이 별도로 존재하는 듯한 착각이 들 정도의 모습이었다.

더구나 이재명은 경기대 학생들은 물론이고 일반 시민들의 비판이 쇄도하자 엉뚱하게도 "학생들을 비난하지 말아주십시오"라는 글을 올려 어안이 벙벙하게 만들기도 했다. 당시 이재명의 조치에 항의하는 경기대생을 비판한 것은 이재명 지지자들뿐이었고, 절대다수의 시민들은 이재명을 비판하고 있었다. 그런데 이재명은 마치 러시아의 푸틴이 크림반도를 점령할 당시 우크라이나가 러시아계 우크라이나인들을 탄압한다는 핑계로 밀고 들어가 점령하던 것처럼, 미국이 통킹만 사건을 일으켜 베트남을 침공하던 것처럼, 스키조파시즘의 전술을 선보이기도 했다. 쉽게 말해, 피해자 코스프레, 가스라이팅을 시전했다.

경기대 기숙사 사태는 이재명이 대통령이 되면, 아무 때나 전시상황 운운하며 긴급조치와 긴급명령을 발동하는 건 아닐지 무

척이나 걱정되는 대목이다. 군사독재정권과 맞서 싸웠던 기억이 있는 사람이라면, 적어도 더불어민주당 역사를 인식하는 사람이라면 이재명의 이런 행태에 두려움을 느끼는 게 정상일 텐데 유감스럽게도 지금의 더불어민주당은 '좌파독재'를 꿈꾸는, 프랑스혁명을 실패로 몰아간 자코뱅당이나, 러시아혁명을 수백만 명의 국민을 죽이는 전체주의 사회 건설로 몰아간 볼셰비키 세력의 후예들이 장악했고, 이재명은 그런 파괴적 혁명 세력들이 원하는 지도자로 선택받아 대통령 후보가 되었다.

## 대통령은 말 한마디면 뭐든지 할 수 있다는 이재명

이재명은 권력을 가지면 무엇이든 할 수 있다고 생각하는 듯하다. 2014년에 쓴 『오직 민주주의, 꼬리를 잡아 몸통을 흔들다』(p.74)에서 이재명은 "대통령이 '전기료를 현실화해라. 제값 받아라' 또는 '대기업 혜택 줄여서 적정 마진을 받고, 서민 전기료 깎아 줘라' 이 한마디만 하면 이 문제 바로 해결됩니다. 결국 의지의 문제라는 거죠"라고 말한다. 이재명이 권력을 어떻게 인식하는지를 잘 보여준다.

이재명 지지자들이 이재명을 좋아하는 이유를 보여주는 대표적 어록이 있다. 〈김어준의 파파이스〉에 출연해서 이재명은 "만약 대통령이 되면 제일 먼저 뭘 하겠느냐?"라는 질문에 "작살부터 내야죠"라고 대답했다. 그래서 '작살'이라는 별명이 붙었다. 이재명 지지자들과 이재명을 민주당 대선 후보로 밀어 올린 민주당 당원들은 국민의힘을 때려잡아야 할 적으로 인식하고 있다. 상대방을 적으로 인식하고 작살내주는 지도자를 기다리고 있다. 민주주의의 위기가 눈앞에 닥친 형국이다. 그것도 민주주의 발전을 일구어낸 민주당이 그 위협의 중심에 선 상황이다.

## 대통령의 의지가 없어서 복지가 제대로 안 됐다는 이재명

조금 더 보자. 이재명은 『이재명은 합니다』(p.222)에서 "(복지 예산 마련 대책에 대해 말하며) 이미 대한민국은 SOC 사업이 거의 끝났다고 볼 수 있는데도 매년 이 사업에 쓸데없이 예산을 배정하고 있다. SOC 사업에 드는 예산을 알뜰하게 줄이면, 또한 5조 원 정도 남기는 것은 어렵지 않다. 대통령의 말 한마디면 그것은 곧 실현될 수 있기 때문이다. … 대한민국이 복지정책을 제대로 시행하지 못하는 것은 예산이 없어서가 아니라 국민에게서 권력을 위임받은 지도자의 의지와 정치철학의 부재 때문"이라고 말하고 있다.

정부 예산은 엄연히 국회 동의를 받아야 하는 사안이다. 그런데 대통령 말 한마디면 된다니 믿어지는가? 그런데 이미 현실이 되고 있다. 더불어민주당은 2022년 예산을 편성하면서 앞서 언급한 지역상품권 예산, 그리고 버스 준공영제와 관련해 광역버스 국비 지원 50% 등 이재명이 요구한 예산을 모두 관철했다.

더구나 대한민국 복지정책을 제대로 시행하지 못한 이유가 예산이 없어서가 아니라 "지도자의 의지와 정치철학의 부재 때문"이라는 서술은 우리나라 복지제도를 현재의 수준까지 일구어낸 김대중과 노무현, 그리고 현 문재인 정부를 모두 싸잡아 비하하는 것이다. 버스 준공영제 도입과 관련해 기존의 여타 시·도에서 시행하고 있는 '비용 관리형' 준공영제를 하자투성이로 만든 뒤에 자기가 시도하는 방법만이 최선인 것처럼 말하는 방식과 동일하다. 이재명의 전형적인 방식인데, 자기가 하는 방식만이 정답이고, 나머지 방법은 전부 엉터리로 몰아간다.

## 대화와 타협은 없고 "나를 따르라"를 외치는 시대착오적인 이재명

이재명 머릿속에는 '대화와 타협'이 없다. '의회와의 협상'도 존재하지 않는다. '나를 따르라'만 있다. 성남시장 8년, 경기도지사

3년 동안 보여준 모습이 그렇다. 툭하면 의회와 싸우고, 자기 정책을 반대하면 사실을 왜곡해 명단을 SNS에 내걸어 인민재판식 토끼몰이하고, 툭하면 전쟁 불사를 외치고, 긴급명령을 외치고, 현행범 체포를 외친다. 무슨 일만 생기면 특별사법경찰 운운하며 경찰국가를 지향하는 모습을 여과 없이 드러낸다.

이재명은 2021년 11월 29일 〈KBS〉 '옥탑방의 문제아들'에 출연해 "합의되지 않더라도 해야 할 일을 강제하라고 권한이 주어지는 거예요"라며, "우리가 권력, 권한이라고 말하면 내 의사를 원하지 않는 상대에게 관철시키는 힘이 바로 권력입니다"라고 말했다. 이재명이 권력에 대해 어떤 인식을 지녔는지를 보여준다.

새로운 게 아니다. 이재명은 오래전부터 주어진 권력을 강력하게 행사하고 싶어 했다. 반대나 비판하는 자들은 불의한 세력이나 적폐세력으로 몰아가면 된다. SNS에서 벌어지는 인민재판으로, 적폐로 만들기는 아주 손쉽다.

## 독재자를 갈망하는 더불어민주당과 이재명 지지자들

이재명식 리더십은 더불어민주당 당원과 지지자 다수의 선택을 받았다. 그들의 심리는 여러 책에 잘 서술되어 있다. 어떤 내용인지 나열해보자.

"전체 90%를 이루는 무산계급 국민은 기득권력 앞에서 취약하다. 강력한 권력을 선호한다. '험난한 세상에서 나를 지켜달라'고 호소한다."

―『마이너리티 이재명』 p.7, 김용민 저

"이재명은 보수에서 통할까? … '박정희의 공'은 단연 '공공의 권능'이다. (끝내 결탁했지만) 재벌을 차렷 열중쉬어시켰고(적대적 공존관계를 지향했으나) … 박정희 시대를 그리워하는 사람들은 이념적이지 않다. … 박정희 기준으로 이재명의 이념적 좌표는 극좌에 가깝지만, 그러나 그는 대통령 권력 아래에 모든 '심판받지 않는 권력'을 복속시킬, 그래서 힘 없는 민중을 온전한 국가의 주체로 세울 적임자로 보수 유권자에게 가늠될 수 있다."

―『마이너리티 이재명』 p.8, 김용민 저

"그가 정치적 쇼맨십에 능해, 2020년 코로나-19 국면에서 재난기본소득을 선제적으로 시행하고, 신천지 교주 이만희를 상대로 명단 제출, 강제 진단 등의 단호한 처분을 내린 게 아니다. 공공적 권능을 도민이나 시민으로 위임받은 대리자로서 공동체 질서를 흔드는 모든 반동과 저항에 대해 관용하지 않겠다는 소명의식에 따른 것이다."

―『마이너리티 이재명』 p.87, 김용민 저

"그의 업무 스타일은 투박하고 불편하지만 단호하고 신속하다."

―『이재명론』 p.147, 최경준 오마이뉴스 선임기자

"이제야말로 한국의 정치는 강력한 리더십의 대통령이 필요한 때다. 1970년대 수준에 머물러 있는 정치 판도를 세계 수준으로 끌어올리기 위해서는 개혁의 강도를 최고조로 높여야 한다."

―『파워풀 이재명』 p.220, 엄광용 저

더불어민주당 당원 지지자들이 이런 독재자형 리더십을 선호하는 현상은 대한민국 민주주의가 얼마나 취약한지를 보여준다. 동시에 김대중, 노무현 정신을 계승한다는 이들의 말은 모두 거짓이라는 걸 증명하기도 한다. 김대중과 노무현은 일생을 관용, 인내, 타협, 대화, 합의, 절제, 통합이라는 가치를 위해 투쟁했다. 투쟁이란 적의를 품고 상대방을 때려잡는 걸 의미하지 않는다. 더불어민주당은 김대중, 노무현 정신을 계승한다는 말을 이제 그만두어야 한다. 많은 국민들의 존경을 받는 그 정서를 선거에 이용해 먹는 행태도 이번 선거에서는 통하지 않을 것이다. 지금의 더불어민주당은 김대중, 노무현과는 정반대 위치에 서 있기 때문이다.

## 제13장
## '페이퍼 컴퍼니 단속'이 업적이라고?

이재명은 2022년 1월 17일 페이스북에 "반칙 앞에 예외는 없어야 합니다. 국민의 생명과 안전을 위협하는 '가짜 건설사', 허용하지 않았습니다"라는 글을 올렸다. 그러면서 직전에 벌어진 광주 아파트 외벽 붕괴사고를 끌어들였다. 건설업계의 부실시공을 질타하고, 그 부실시공의 주요 원인으로 '페이퍼 컴퍼니 벌떼 입찰'을 끌고 들어온다.

이재명은 자신의 업적을 과대 포장하는 수법으로 곧잘 타인의 불행을 이용한다. 광주 아파트 외벽 붕괴사고라는 불행은 이재명이 자신의 업적으로 내세우는 페이퍼 컴퍼니의 벌떼 입찰 단속과는 전혀 관계가 없다. 이렇게 전혀 관계도 없는 사안을 자기 정책과 이어 붙여 업적을 포장하는 기술은 가히 탁월한 수준이다. 거의 습관적이기 때문이다.

이재명은 "어느 날 인적 드문 한적한 곳에 갑자기 비슷한 이름의 종합건설사 16개가 들어섭니다. 공공 입찰을 싹쓸이하려 회사를 쪼개 페이퍼 컴퍼니를 만든 것"이라며 "이런 페이퍼 컴퍼니의 벌떼 입찰은 공정한 시장 질서를 망가뜨리고, 건설 현장의 다단계 하도급·저임금 구조를 형성하는 데 그치지 않습니다. '가짜 건설사' 유지를 위한 비용이 분양가에 반영되며 부동산 가격 상승에도 일조하고, 무자격 업체가 낙찰되면 결국 부실 공사로 이어져 광주 아파트 벽 사고처럼 국민의 생명을 위협하는 참사가 벌어집니다"라고 논리를 이어간다.

그러면서 경기도지사 시절에, 이재명이 좋아하는 '전국 최초'

로 '사전단속제'를 시행했다며, 자기가 시작한 사전단속제가 전국 지자체 표준이 되고 있다며 자랑한다.

경기도청 미래성장정책관 임문영 씨도 『이재명의 싸움』(p.219)에서 "하나의 주소지에 여러 회사가 들어있거나, 국민연금을 전혀 납부하지 않은 회사 등 데이터만으로도 가짜 회사를 추정할 근거는 많다. … 적어도 경기도에서만큼은 페이퍼 컴퍼니로 건설공사에 참여해 부당한 이익을 얻는 일은 있을 수 없게 됐다"라며 페이퍼 컴퍼니 단속을 업적으로 자랑한다.

## 대장동 개발에 등장한 페이퍼 컴퍼니도 단속 못 한 이재명

이재명이 '단군 이래 최대 공익환수'라고 자랑하는(이재명식 논리대로라면 고 박원순 시장이 현대차 그룹에 1조 3,000억 원의 현금을 받아낸 사례가 단군 이래 최대 공익환수였다) 대장동 개발사업에도 페이퍼 컴퍼니가 등장한다.

2021년 9월 30일 자 〈경향신문〉에 따르면, 화천대유가 거둬들인 천문학적인 수익을 챙겨간 천화동인 1~7호 사무실을 직접 찾아가 본 결과 모두 유령회사였다. 이 법인들은 화천대유 대주주 김만배 등이 대장동 개발사업 배당금을 나눠 먹기 위한 수단으로 설립한 전형적인 페이퍼 컴퍼니였다. 즉, 이재명이 단속했다고 자랑하는 그 '페이퍼 컴퍼니'였다는 말이다.

자기가 직접 설계하고, 직접 기자회견까지 열어가며 선전하고, 2018년 지방선거에서는 자기 최대 업적이라고 자랑했던 바로 그 대장동 사업에서 페이퍼 컴퍼니가 버젓이 활개를 치고 천문학적인 수익을 챙겨간 마당에 자신의 업적으로 '페이퍼 컴퍼니 단속'을 내세우는 면모는 그야말로 부끄러움을 모르는 뻔뻔함의 극치라고 볼 수 있다. 보통 사람이었다면, 자기가 벌인 사업에서도 발생한 페이퍼 컴퍼니도 잡아내지 못한 주제에 그걸 업적이라고 내세우기는 쉽지 않은 일이다. 그러나 이런 일도 '이재명은 합니다'이다.

## 이미 추진 중인 정책을 새로운 것으로 포장하는 '실력 있는' 이재명

더불어민주당과 그 지지자들은 이재명이 실력 있고, 실행력 있고, 실적이 있다고 자랑한다. 하지만 이 책 서두에서 여기까지 읽었다면 알겠지만, 이재명이 실력 있다는 증거도, 제대로 된 실적이 있다는 것도 전혀 입증되지 않았다. 실행력이 남다르다는 것은 단연 돋보인다. 실제 정책 성과와 무관한 보여주기 이벤트를 추진하는 실행력은 전 세계 최고 수준이다.

페이퍼 컴퍼니의 문제점과 단속은 하루 이틀 이야기가 아니다. 그런데도 이재명이 경기도지사에 취임한 이후 건설업계 비리 온상인 페이퍼 컴퍼니를 단속한다는 기사가 수두룩하게 나온다. 대한민국 기자들은 기본적인 검색도 하지 않고 기사를 쓰는지 모르겠지만, 기사 제목만 보면 대한민국이 페이퍼 컴퍼니 단속에 손을 놓고 있는데 이재명이 나서서 새로운 정책으로 추진하는 듯이 읽힌다.

하지만 건설업 페이퍼 컴퍼니 단속은 이미 2000년에 김대중 정부에서 처음으로 시작했고, 경기도뿐만 아니라 전국 지방자치단체의 일상적인 업무이다. 그냥 늘 하는 업무라는 이야기다. 이재명도 새로운 일을 한 게 아니라 이미 관련 법령에 따라 해야 할 일을 했던 것이다. 단속을 하지 않으면, 할 일을 하지 않는 것이다. 당연히 해야 할 일을 마치 새롭게 하는 듯이 언론플레이를 한다. 동시에 대한민국이 엄청난 비리가 판치는 듯이 몰아간다. 그러면서 간접적으로는 다른 지자체장이 페이퍼 컴퍼니 단속에 소홀하다는 인상을 덧씌운다. 일은 이재명 혼자 다 하는 것처럼 보이게 만든다. 이 수법은 앞서 언급한 사례들과 마찬가지로 자기를 돋보이게 하려고 은연중에 다른 사람을 깎아내리는 것과 일맥상통한다. 또한, 대한민국을 갑자기 1990년대로 되돌려버린다.

페이퍼 컴퍼니 단속은 건설업에 한정된 문제가 아니다. 외환위기 이후 금융업에서 대대적으로 문제가 되기도 했고, 케이먼

군도니 하며, 세금을 탈루해 해외로 자산을 빼돌리는 데 동원된 것도 페이퍼 컴퍼니였다. 그래서 2000년부터 페이퍼 컴퍼니 단속은 대한민국 모든 정부 부처와 전국 지방자치단체의 일상적인 업무가 되었다.

　이재명은 이런 업무를 갑자기 특별한 업무로 만들어버리고, 마치 자기가 처음으로 문제의식을 갖고 만들어낸 정책으로 포장지를 바꿔치기한다. 언론은 최고의 협조자였다. 이재명 업적 부풀리기에는 이재명과 그 지지자들이 씨를 말려버리고 싶어 하는 〈조선〉, 〈중앙〉, 〈동아〉도 한몫하고 있다. 허구한 날 보수언론의 공격을 받는다고 허구의 서사를 써 내려가지만, 실상은 상부상조하는 관계였다.

　사람들은 자기 눈에 보이지 않으면 존재하지 않는 것으로 인식한다. 마치 과학적으로 규명된 사실도 자기가 이해하지 못하면 허구라고 몰아가듯이 말이다. 일례로 유시민이 미국의 달 탐사선 아폴로가 달에 착륙했다는 사실이 과학적으로 입증되었음에도 그림자가 없다는 둥, 사진은 누가 찍었냐는 둥의 이유를 들어 달 착륙이 가짜라는 식으로 이야기한 사례가 대표적이다. 유시민은 심지어 히틀러가 달 이면에서 지구 침공을 준비했다는 등의 음모론도 이야기한다. 이런 식의 음모론은 더불어민주당을 좌지우지하고 있는 김어준의 주특기이고, 그 당원과 지지자들도 심취해있는 공상소설 장르에 속한다. 한마디로 지금 더불어민주당은 비과학적이고 공상적인 음모론과 과대망상증에 사로잡혀 있다는 이야기다.

그들은 지금 이 순간에도 이재명을 비판하는 사람들 배후에 거대한 작전 세력이 있다며, 그 배후가 누구인지 궁금해하며 존재하지 않는 것을 찾는 데 혈안이 되어 있다. 대한민국 거대 집권여당이 과대망상증에 시달리는 사람들에게 좌지우지되며 이리저리 휘둘리는 지경이 된 것이다.

원자나 분자도 일상적으로 우리 눈에 보이지 않지만, 과학적으로 존재한다. 보이지 않는다고 분자와 원자의 존재를 부정하는 것이 바로 비과학적 태도이다. 이재명이 페이퍼 컴퍼니 단속을 대대적으로 자기 업적으로 홍보하는 것도 이런 대중 심리를 이용하는 수법이다. 평범한 일상은 뉴스가 되지 않는다. 마찬가지로 페이퍼 컴퍼니 단속은 엄청난 범죄에 연루된 사건이 아닌 이상 그냥 평범한 일상적인 업무라서 뉴스가 되지 않는다. 이재명은 그 틈바구니를 헤집고 들어갔다.

## 페이퍼 컴퍼니 단속의 역사

페이퍼 컴퍼니 단속을 검색하면 2000년부터 기사가 등장한다. 외환위기를 불러온 국내 금융증권사의 해외 투자에 동원된 수단이 바로 페이퍼 컴퍼니였다. 소위 역외탈세 지역에 설립한 페이퍼 컴퍼니를 통해 외환에 투자했다가 막대한 손실을 입고, 그 여파로 국내 증권사와 은행이 자금난에 몰리며, 기업들이 연쇄 부도한 사건의 출발이 바로 페이퍼 컴퍼니였다. 그래서 김대중 정부는 외환위기가 어느 정도 극복된 시점에 즉시 강력한 페이퍼 컴퍼니 단속에 들어갔다. 그 영역은 건설, 금융, 조세 등 관련된 전 분야였다.

2000년 당시 기사를 보면, 서울시는 싱가포르투자청이 서울 강남구 역삼동의 스타타워빌딩(외환위기로 론스타에 팔리면서 스타타워빌딩이 되었다가 싱가포르투자청이 인수한 이후 강남파이낸스센터로 이름이 변경됐다)을 주식인수 형태로 인수하면서 페이퍼 컴퍼니를 이용해 취득세를 탈루한 사실을 밝혀냈다. 탈루한 세금은 189억 원이었고, 이걸 밝혀낸 공무원은 2,000만 원의 포상금을 받았다는 내용이다.

시간을 건너뛰어 2010년 기사를 보면, 조달청이 페이퍼 컴퍼니를 이용해 부정한 방법으로 조달청 입찰에 참여한 업체를 적발했다는 뉴스도 나온다. 건설사 입찰도 마찬가지다. 이런 뉴스가 나오는 것은 사건의 규모가 크거나 관심을 끌 만한 내용이 있기 때문이다. 즉, 페이퍼 컴퍼니 단속은 뉴스가 되지 않을 정도로 일상적인 업무라는 이야기다. 2012년 기사를 보면, 국토부에서 페이퍼 컴퍼니에 불과한 부실 건설업체 퇴출을 위해 대대적이고 전면적인 실태조사에 들어간다는 뉴스도 나온다. 국토부만 하는 게 아니라 전국의 각 시도 공무원은 물론이고 건설업계에서 인력을 파견하기까지 한다.

무상교복과 공공산후조리원 사례에서 살펴보았듯이 이미 다른 지자체에서 시행하고 있는 걸 언론을 동원해 요란하게 기사를 내보내면서 마치 이재명이 최초로 한 것으로 착각하게 만들고, 공공산후조리원처럼 성남시장 8년 동안 단 한 개의 공공산후조리원을 짓지도 않았으면서 국내에서 최초로 공공산후조리원을 도입한 것으로 착각하게 만드는 게 이재명이다. 심지어 전임 도지사가 만들어놓고 나간 업적도 자기의 것으로 바꿔치기한다. 페이퍼 컴퍼니 단속은 그야말로 재활용에 가깝다. 정부 각 부처와 전국 지자체에서 일상적으로 하는 업무를 새로운 것인 양 포장하는 수법은 언론의 도움이 없으면 불가능한 일이다.

그런 이재명에게 엄청난 서사를 부여하기 위해 더불어민주당은 이재명이 혼자의 힘으로 대통령 후보 자리까지 올랐다고 우상화를 하고 있다. 대표적으로, 이해찬 전 당 대표는 "이 후보는 지켜보던 사람들이 미안할 정도로 혼자서 아군 없이 어려운 난경을 극복했다. 스스로 고난을 견디고 미래를 개척해 나가는 대단한 의지와 능력을 지닌 사람"이라고 치켜세웠다. 우상화는 기본적으로 허구를 토대로 한다. 그런 측면에서 북조선 김씨 일가의 우상화와 무엇이 다른지 알 수가 없다. 더불어민주당을 지지했다가 돌아선 많은 지지자들이 '더불어공산당'이라고 조롱하고 있다는 사실을 알기나 하는지 모를 일이다.

# 제14장
# '고액 체납자 출국금지'는 지자체장의 의무

'성과 포장지 갈이'와 비슷한 사례는 또 있다. 고액 체납자 출국금지다. 이 정책도 이재명이 성남시장 시절부터 엄청나게 기사화한 내용이다. 이재명이 경기도지사에 취임한 직후인 2018년 7월 29일 「고액 체납자에 칼 빼 든 경기도」라는 비슷한 제목의 기사가 도배를 한다. 경기도청에 출입하는 모든 언론사에 보도자료를 뿌렸으니 기사량이 많을 수밖에 없다. 기사 내용을 보면, 5,000만 원 이상 고액 체납자의 외환거래 내역과 국외 여행 횟수 등을 조사해서 해외 재산은닉이 의심되면 출국금지를 추진한다는 내용이다. 기사를 보면, 마치 새로운 정책인 것으로 오인하기 쉽다. 대대적으로 기사가 나왔으니 더더욱 그런 착각을 하기 쉽다.

동시에 이재명은 언론 기사와 별개로 SNS에도 글을 올려 일하는 티를 낸다. (일반 기업에서도 남들은 그냥 하는 일을 유별나게 열심히 하는 척하는 사람들이 있다. 이 사람들이 직장 내에서 어떤 시선을 받아야 하는지는 경험자들이 잘 알 것이다.)

3년이 지난 2021년 6월에도 그 성과를 대대적으로 알리는 기사가 또 도배됐다. 3년간 체납세금 1조 2,000억 원을 징수했다는 내용이다. 다른 지자체장들은 이런 기사를 보고 어떤 생각을 했을까? 언론 홍보도 수완이 좋다면 수완이 좋은 거라고 말했을까? 이재명과 대조적인 인물이 박남춘 인천광역시장이다. 박남춘은 임기 초부터 출입언론사들과 갈등을 빚었다. 관행적으로 지출하던 홍보비 규모를 줄여버린 것이다. 박남춘이 언론 홍보 예산을 줄이자 인천 지역 언론사들은 연일 박남춘을 두들겨 팼다. 그런 박남춘은 체납세 징수 업무를 하지 않을까? 당연히 한다. 그런데 기사가 나오지 않을 뿐이다. 다른 모든 지자체도 마찬가지다. 일상적인 업무로 하고 있다. 기사가 안 나오면 일을 안 하는 것인가? 이건 마치 간사한 직장인이 사장님한테 가서 자기 혼자 일하는 척 아부하는 것과 다르지 않다.

더불어민주당 당원들과 이재명 지지자들은 이런 기사를 보고 또 "도지사 바뀌더니 일 속 시원하게 잘하네", "다른 지자체장들은 놀고 있나?"라는 식으로 반응한다. 신이시여, 이들의 무지를 용서하소서!

## 전설로 남은 서울시 38기동대

지방세 체납액 징수에 관한 한 2001년 서울시가 창설한 38기동대가 전설적이다. 〈KBS〉의 '좋은나라운동본부'라는 프로그램에 출연했던 38기동대는 '끝까지 추적하여 반드시 징수한다'라는 모토로, 세금을 탈루한 사람들을 추적해 징수하는 역할을 했고, 당시 해당 프로그램은 인기리에 방영되었다. 이처럼 지방세 체납액 징수는 각 시도 지자체의 일상적인 업무다.

특히 고액 체납자 출국금지는 2001년부터 시행됐다. 당시 법무부는 출입국관리법을 개정해 고액 체납자에 대한 출국금지 절차 등을 명문화했다. 이전까지는 출국금지 제도가 없었다. 출국금지 대상은 5,000만 원 이상의 체납자였고, 이때부터 출국금지가 대폭 확대됐다.

2001년은 앞서 소개한 '38기동대'가 출연하는 방송이 인기를 끌 정도로 지방세 체납액 징수가 사회적 이슈가 되었고, 각 지자체는 1년 내내 관련 보도자료를 뿌렸으며, 언론 기사도 엄청나게 쏟아졌다. 2001년 기사를 보면, 이재명보다 앞서 성남시장을 했던 김병량 전 시장도, 임창렬 전 경기도지사도 지방세 체납액 징수에 얼마나 공을 들였는지 알 수 있을 정도다. 「성남시, 체납자 1만 9천 명 재산압류」, 「성남시, 고액 체납 319명 부동산 공매」, 「경기도, 지방세 5,000만 원 이상 고액 체납자 법무부에 출국금지 요청」 등을 비롯한 김문수 전 경기도지사 재임 당시에도 고액 체납자에 관한 각종 기사가 수두룩하다.

이재명은 일반 국민들의 기억력을 시험한다. 기록의 존재를 간과하고, 자세히 찾아보지 않는다는 점을 이용한다. 이미 기록으로는 존재하고 있지만, 기억 속에는 존재하지 않는다는 점을 최대한 활용한다. 그렇지 않은 이상 저런 식으로 언론플레이를 하고, 마치 새로운 정책인 양 홍보하지는 않을 것이다. '일 잘하는 이재명'이라는 이미지는 전부 이런 식으로 만들어졌다.

# 지방세 체납 업무는
# 어떻게 하고 있나

　이번 기회에 지방세 체납액 징수 업무를 간단히 살펴보고 마무리하자. 먼저 고액 체납자 출국금지는 특별한 업무가 아니라 법무부의 상시적인 업무다. 출국금지는 이재명이 하는 것도 아니다. 이재명은 법무부에 '출국금지를 요청'하고, 출국금지 조치는 법무부가 판단해서 한다. 특히 중요한 것은, 이재명은 '출국금지를 요청해야 한다'는 것이다. 법적인 의무다. 출국금지를 요청하지 않으면 직무유기다. 이런 출국금지 요청은 1년에 2회 정기적으로 해야 한다. 박원순 전 서울시장은 심지어 1년에 네 번이나 했다. 그런데도 기사는 안 나왔다. 당연히 해야 할 일이라서 보도자료를 뿌리지 않았다.

　지방세 체납액 징수를 무슨 대단한 업적인 양 홍보하는지 도대체 알 수가 없는 노릇이다. 국민을 개돼지로 아는 게 아니라면, 이런 식으로 보도자료를 뿌리는 행태는 근절돼야 할 적폐라고 할 수 있다. 언론이 감시자 역할을 하지 않으면 어떤 일이 생기는지 극명하게 보여주는 사례이기도 하다. 이렇듯 언론의 엄호, 그리고 고적대가 팡파르를 울리듯 특정 정치인을 이렇게 찬양하는 기사를 무비판적으로 써준 사례가 있는가? 이재명 말고 어느 정치인이 이 정도로 언론의 엄호를 받고, 찬양가를 들었나? 우리 연구회가 알기로 그 전례는 박정희, 전두환, 박근혜 정도에 불과하다. 김대중, 노무현은 물론이고 심지어 노태우, 김영삼, 이명박도 이런 호사는 누리지 못했다. 그런 이재명이 적폐언론과 싸우면서 혼자 이 자리까지 올라왔다고? 여기가 북조선인민민주주의공화국인가?

# 제15장
# 이미 법제화한 '노동자휴게실' 재활용

이재명의 주요 업적으로 내세우는 것 중에 청소·경비 노동자들의 휴게실 설치가 있다. 이재명은 2018년 10월부터 공공기관, 대형집합건물, 아파트에 청소·경비 노동자를 위한 지상 휴게 공간 설치를 추진한다고 밝혔다. 경기도시공사가 시공한 33개 공동주택에는 냉난방시설을 갖춘 휴게 공간을 설치하고, 108개 사업장 172개 휴게시설을 개선한다는 내용도 들어있다. 민간 부문은 대학 및 아파트 휴게시설 57곳을 신설 또는 개선하고 2021년에 149곳을 추가한다고 밝혔다.

앞서 소개한 사례와 마찬가지로 이 사안도 이미 다른 지자체장이 하고 있거나, 다른 지자체에서도 이미 문제의식을 갖고 시행하고 있거나 시행하려고 준비 중인 사안이다. 청소·경비 노동자들의 휴게시설이 열악하다는 사실은 언론 보도로 세상에 알려졌고, 이런 사실은 이재명만 알게 된 게 아니라 대통령과 정부 부처, 전국 지자체장들도 동시에 인식한 사안이다. 그런데 이 사안도 이재명은 열심히 자기 브랜드로 만들기 위해 별별 짓을 다 했다. 심지어 이걸 갖고 경기도 예산 수천만 원을 들여 비싼 호텔 회의장을 빌려 심포지엄까지 개최했다.

## 경비원·미화원 휴게 공간 설치를
## 최초 법제화로 이끈 건
## 염태영 수원시장

　이재명이 비싼 돈 들여 호텔에서 심포지엄을 열고 보도자료 뿌려서 언론의 응원을 받으며 경비원·미화원 휴게실 설치 이슈를 자신의 것으로 만들려고 노력했지만, 기억은 망각의 레테 강을 건너도 기록은 사라지지 않는다. 이 사안은 결국 법제화가 중요하다. 말로만, 구호로만 그치지 않고 법으로 규정되어야 실제로 진보를 이루어낼 수 있다. 결론부터 말하자면, 이 사안은 염태영 수원시장이 앞장서서 실천함으로써 이재명이 난리굿을 피우기 이전에 이미 법제화를 이뤄낸 사안이다.

　염태영은 지난 2016년에 이미 조례를 제정했다. 적어도 경기도 수원시에서는 2016년에 실질적으로 문제 해결이 시작됐다는 이야기다. 2016년 6월 14일에 제정된 수원시 조례를 보면, 100세대 이상의 주택을 건설하는 주택단지에는 휴게시설과 세면시설 등 위생시설을 설치하고, 그 밖에 시장이 필요하다고 인정하는 시설, 이에 따른 청소 및 경비 용역의 구체적인 범위와 위생시설 설치 기준은 시장이 따로 정할 수 있다는 내용이 담겼다. 완전하지는 않지만, 대한민국에서 그 첫발을 내디딘 역사적 장면이었다. 수원시는 이미 2015년부터 이 같은 내용을 '권고사항'으로 하였고, 다만 권고사항이다 보니 강제성이 없어서 조례를 제정한 것이다. 이 당시 이재명은 성남시장으로 별다른 일을 하지 않았다.

수원시가 경비·청소 노동자들의 휴게시설 설치를 법제화한 후 정부 차원에서도 법제화가 추진됐다. 2019년 12월 국토부가 수원시 조례를 바탕으로 삼아 만든 주택건설기준 개정안이 법제처 심사를 통과했다. 이 규정은 수원시보다 규정을 더 강화했다. 즉, 경비·청소 노동자들의 휴게시설 설치 범위와 대상을 확대한 것이다. 수원시 조례가 100세대 이상이었다면, 국토부는 50세대로 규정해 휴게시설을 설치해야 할 주택 범위가 확장됐다. 특히 냉방설비의 배기장치가 원활하게 작동할 수 있도록 최소한의 기준에 적합하게 설치해야 한다고 규정해서 처음부터 사업주체와 입주민 간에 갈등이 생기지 않도록 조치했다.

## 이미 존재하는 제도를 유령 취급한 이재명

이재명은 서울대 청소 노동자 사망 사건이 발생하자 서울대를 방문해서 "뜨거운 것이 목구멍으로 올라온다. 누구도 서럽지 않은 세상을 만들겠다"라고 신파극을 연출했다. 전형적으로 타인의 슬픔을 자신의 정치적 목적에 이용한 사례였다. 이재명의 행태에 대해 구민교 서울대 학생처장(행정대학원 교수)은 "한 분의 안타까운 죽음을 놓고 산 사람들이 너도나도 피해자 코스프레하는 게 역겹다"고 말했는데, 틀린 말인가?

 굳이 현장을 찾아가는 행태 자체도 자극적인 정치행위지만, 제도를 만들고 법제화하는 일에 무관심했던 자신의 행적은 싹 지우고 이 사안에 관련된 사람들을 악마로 만드는 행태가 역겹지 않은가? 구민교의 발언은 정상적인 반응이다. 사회가 발전하면서 우리가 미처 살피지 못한 구석구석을 하나씩 개선하는 것이 진보다. 그렇다고 하여 우리가 일상으로 살았던 삶의 방식을 어느 날 갑자기 몽땅 쓰레기 취급하는 행태는 더러운 정치행위라고 해야 마땅하다. 나만 정의롭고 타인은 불의로 가득하다는 저열한 이분법적 선악 구도는 정치를 타락시킨다.

 청소·경비 노동자들의 열악한 휴게시설이 문제가 된 것은 그만큼 우리 사회가 그런 그늘까지 살펴볼 정도로 수준이 올라왔기 때문이다. 고매한 교양이 높아져서가 아니라, 먹고사는 문제가 그 옛날보다 나아져서, 예전에는 문제로 생각조차 하지 못하고 살던 그런 구석구석의 삶도 이제는 돌아볼 수 있는 여건이 된 세상을 우리가 살고 있기 때문이지, 누군가가 악마처럼 불의해서 그렇게 된 건 아니라는 이야기다. 이재명이 청소 노동자의 사망이라는 비극을 자신의 정치를 위해 활용한 행태가 역겹지 않으면, 도대체 무어라고 설명할 것인가?

 소리 없이 조례를 제정해 제도를 만들고, 그걸 수원시를 넘어 국토부가 이어받아 국가 차원의 제도로 발전시키며, 실질적으로 문제를 해결하는 사람들은 지워지고, 실제로는 아무것도 한 일이 없으면서 비극의 현장을 자신의 정치적 자산으로 활용하는 행태는 우리 정치 문화에서 퇴출해야 할 적폐라는 게 우리 연구회의 생각이다. 우리 정치가 언제까지 쇼와 이벤트로 점철된 예능의 정치에 끌려갈 것인지 지켜볼 생각이다. 일반 기업이었으면 진작에 퇴출됐을 빈 수레 요란한 깡통을 우상화하는 포퓰리즘은 민주주의의 새로운 적이다.

# 제16장
# 용두사미로 끝난 '24시간 닥터헬기' 쇼

2019년 9월 이재명은 그야말로 엄청난 카메라 세례를 받았다. 아덴만 여명작전의 석해균 선장을 치료해 유명해진 이국종 교수가 염원하던 '24시간 닥터헬기'를 이재명이 도입한 것이다. 닥터헬기를 도입하기로 한 결정에서부터 협약식, 실제 도입에 이르기까지 언론 보도 양은 어마어마했다. 이재명이 언론을 활용하는 방식은 실로 놀라울 정도다. 물론 그 배경에는 '총칼 안 든 전두환'이라는 담당 기자들의 세평이 깔려 있다. 우호적인 기사를 쓰면 확실한 당근을, 비판적인 기사를 쓰면 온갖 압박을 동원하는 이재명식 언론 관리 방식이 빛나는 결과물이었다.

 이 인연으로 이국종 교수는 이재명이 선거법 위반으로 재판받을 때 자필로 쓴 탄원서를 대법원에 제출할 정도였다. 이국종과 함께 유튜브 방송도 하며 홍보에 활용했다. 그런 닥터헬기는 어떻게 됐을까? 이재명은 원래 뒷일은 생각하지 않는다. 지금, 현재만 사는 스타일이어서 어제 한 말을 오늘 뒤집고, 오늘 한 말을 내일 뒤집는 건 눈 하나 깜짝하지 않고 해낸다. 업적으로 홍보한 일이 나중에 문제가 생겨도 그건 자신과 상관없는 일로 치부한다.

## 닥터헬기는
## 이미 날고 있었다

 본론으로 가기 전에 사전 정보가 필요하다. 닥터헬기는 이재명이 최초로 도입한 게 아니다. '닥터헬기'와 '24시간 닥터헬기'는 다르다. 이재명이 스타 의사였던 이국종을 동원해 기사로 도배했던 '24시간 닥터헬기'는 국내 최초가 맞다. 하지만 주간 닥터헬기는 전국 주요 거점에서 활동 중이었다.

이국종이 원했던 24시간 닥터헬기는 그 필요성을 부인할 수는 없다. 특히 섬이나 고립된 지역의 경우 더욱 그렇다. 하지만 자원은 한정되어 있다. 야간에 생명이 위중하고, 특히 가까운 곳에 의료시설이 없는 조건을 충족하는 지역은 그리 많지 않다. 24시간 운행하는 닥터헬기는 필연적으로 적자가 예정되어 있다. 헬기 운용하는 데에도 큰 비용이 들지만, 야간에 상시 대기하는 의료 인력도 준비해야 하고 그만큼 인건비도 들어간다. 이조차 감당할 수 있는 국가가 된다면 좋은 나라임에는 틀림없지만, 국가의 지원을 필요로 하는 사업은 한둘이 아니다.

그래서 이런저런 이유로 닥터헬기는 주간에만 운용하고 있었다. 야간에는 비록 의료진과 시설이 완벽한, '하늘을 나는 응급실'이라고 할 수 있는 닥터헬기 수준은 아니지만, 소방헬기와 해경헬기 등이 그 역할을 대신하고 있다. 야간 비행은 그 자체로 위험성도 크고, 수요 자체가 그렇게 많지 않아서 상시 운영하는 24시간 닥터헬기를 도입하지 않았을 뿐이다. 그런 상황에서 이국종이 문제 제기를 지속해서 하고, 여론도 뒷받침되자 이재명이 나선 것이다.

현재 주간에 운영 중인 닥터헬기는 2011년 9월 인천 가천대 길병원, 전남 목포한국병원이 도입한 이후 2013년 강원도 원주세브란스병원과 경북 안동병원, 2016년 충남 단국대병원과 전북 원광대병원, 2018년 5월 아주대병원 등 전국적으로 총 7대의 닥터헬기가 운용되고 있다. 2020년 12월까지 수송한 환자는 1만 명을 넘어섰다. 전국적으로 보면, 여전히 닥터헬기가 배치돼야 할 지역이 존재하고, 부족한 상황이다. 앞으로 계속 확충해나가야 한다. 주간 닥터헬기도 부족한 상황이다.

## 용두사미로 끝난 24시간 닥터헬기

이국종의 강력한 문제 제기, 그리고 들끓는 여론을 등에 업고 시작한 24시간 닥터헬기는 그야말로 용두사미로 끝났다. 심지어 닥터헬기를 운용했던 아주대병원은 보조금 지급을 중단한 경기도를 상대로 소송을 제기하는 사태로 비화됐다.

사태는 지난 2019년 10월 31일 독도 해상에서 야간 시간대에 발생한 헬기 추락 사건에서 시작됐다. 사건이 발생하자 보건복지부는 안전관리 차원에서 동일기종(EC225)의 운항을 모두 중단하는 조처를 내렸다. 그런데 경기도에서 보유하고 있는 닥터헬기도 바로 이 기종이었다. 특별점검 결과 기체에 이상이 없다는 결론이 내려졌고, 복지부는 2020년 1월 경기도에 '운항을 재개하라'는 내용의 공문을 보냈다. 문제는 아주대병원 의료진이 사전협의가 완료되지 않았다며 닥터헬기 탑승을 거부한 것이다. 그리고 경기도는 의료진이 탑승을 거부한 2020년 1월 22일부터 2월 28일(38일간)까지의 유지 비용 7억 3,000만 원(국비 5억 1,000만 원, 도비 2억 2,000만 원)을 지급하지 않았고 아주대가 소송을 제기한 것이다. 이 소송은 1심에서 아주대병원이 이겼고, 경기도가 항소한 상태다.

아주대병원 의료진이 헬기 탑승을 거부해 경기도와 갈등이 발생하면서 〈MBC〉에서는 유희석 아주대병원장이 이국종에게 막말했다는 녹취록이 보도되기도 했다. 그리고 2021년 1월 이국종은 아주대병원 권역외상센터장을 사임했다. 그러자 이재명은 아주대병원 외상센터 감사에 들어갔다. 당시 언론 보도를 보면, 중증외상환자 진료 방해, 진료 거부, 진료기록부 조작 등을 조사한다고 했다. 당연히 회계장부도 들여다봤다. 24시간 닥터헬기는 이렇게 중단됐다. 현재 아주대 권역외상센터는 주간 닥터헬기만 운행하고 있다.

## 활용이 끝나자 안면 바꾼 이재명

아주대병원과 경기도, 아주대병원장과 이국종 사이에 갈등이 발생했을 당시 이재명과 이국종이 비공개 면담을 했다는 기사가 나오기도 했다. 이국종은 2020년 1월 21일 〈CBS〉의 '김현정의 뉴스쇼'에 출연해 당시 상황을 설명했다.

김현정: "얼마 전에 이재명 지사하고 만나셨는데, 뭔가 해법이 나오지는 않았습니까?"
이국종: "나오기는 뭐가 나와요. 무슨 방법이 있어요. 제가 보지도 못했어요. 밑에 있는 보건과 사람들 잠깐 보고 나온 거예요."
김현정: "지사님 못 만나셨어요?"
이국종: "지나가다가 잠깐 본 거지 보지도 못했다고요. 그 바쁜 양반이 뭘 봐요."
김현정: "그래요? 40분 동안 비공개 면담했다, 이렇게 보도가 났던데요."
이국종: "누가 그래요? 40분 정도 보건과 사람들하고 그 비서관들하고 그냥 같이 앉아 있었죠."

이재명은 지난 2021년 11월 26일 전남 신안군 응급의료 전용 헬기 계류장을 방문해 닥터헬기 운영 현황을 살펴보고 관계자 민원을 청취했다. 이재명은 자신의 치적으로 닥터헬기를 언급한 뒤 이국종과 통화를 시도했지만 불발됐다.

## 제17장
# 퇴폐 안마 시술소, 치과주치의, 건강과일, 푸드마켓

# 큰아들이 부정해버린
# 이재명의 업적,
# 퇴폐 안마시술소 퇴치

이재명은 경기도지사에 당선된 직후 안마시술소를 없애버리겠다고 큰소리쳤다. 이재명은 "안마시술소, 이러면서 퇴폐 업체 선전하는 거 있잖아요. 그거 보기 싫으시죠? 차에 막 꽂아놓고. 이거 제가 경기도에서 싹 없애버릴 거예요. 어떻게 없애느냐면, 그 전화번호를 발견하는 즉시 그 전화를 다 끊어버릴 겁니다. 그걸 끊어버리면 영업이 안 되잖아요"라며 자신만만하게 말했다.

이재명은 2018년 6월 18일 경기도지사 당선 직후 열린 인수위원회 첫 회의에서는 "퇴폐 안마시술소 이런 것도 성남에는 없다"고 말했다. 사실일까? 이재명 말대로 그렇게 쉽게 없앨 수 있으면 왜 다른 지자체에서는 못 없애고 있을까?

이재명이 성남에서 다 없앴다는 그 퇴폐 안마시술소들은 버젓이 영업을 하고 있었다. 이런 사실을 증명한 것은 다름 아닌 이재명의 큰아들이다. 2021년 12월 이재명의 장남이 성남시에 소재한 퇴폐 마사지업소 후기를 올렸다는 사실이 보도됐다. 성남시장 8년 동안 해내지도 못한 일을 버젓이 한 것처럼 말한 것이다.

## 아동 치과주치의 제도에도
## '이재명표'를 갖다 붙이다니…

　2016년 7월 성남시에서 치과주치의 제도를 시행한다는 보도가 나왔다. 어린이들의 충치를 예방하고 치아 건강을 지원하는 사업이다. 좋은 사업이다. 2018년까지는 성남시 내 72곳의 초등학교 4학년생 8,000여 명에게 확대 시행한다는 계획도 발표했다.

　(이재명은 나중에 실행이 되든 안 되든 계획만 잔뜩 발표하고 여러 차례 언론에 기사가 나가게 한다. 그러면 실제 실행하지도 않은 정책이 실행되고 있는 것으로 착각하게 만든다. 대표적 사례가 바로 무상공공산후조리원이다.)

　이 당시 언론 보도는 담담하고 건조하다. 요란한 치장도 없고 과장도 없다. 그러다가 시간이 지나면서 과대, 과장이 들어가기 시작한다.

　2018년 8월 10일 이재명은 페이스북에 '초등생 치과주치의… 처음 들어보시나요?'라는 제목의 글을 올렸다. 제목만 보면 치과주치의 제도가 기존에는 없던 정책으로 인식된다. 그리고 이재명이 처음 시작한 것으로 받아들이게 된다. 이재명은 성남에서 시행한 치과주치의 제도가 적은 비용으로 학부모들 만족도가 높다고 자랑했다.

　그러더니 이듬해인 2019년부터는 3부 정책에서 그랬듯이 '이재명표'가 붙어서 기사가 나오기 시작했다. 「이재명표 치과주치의 초등학교 4학년생 95% 치과 보냈다」, 「이재명표 경기도 아동 치과주치의 정책 전국 확산」, 「이재명표 초등학생 치과주치의 서비스 온라인으로」, 「이재명표 아동복지, 이사 오고 싶은 경기도 만들겠다」 등 '이재명표'가 수식어로 붙었고, 예의 '전국으로 확산'도 꼬리에 따라붙었다. 지지자들은 당연히 이재명이 최초로 시작해서 전국으로 확산된다는 식으로 자랑한다. 사실일까?

### - 2012년 박원순이 최초로 시작

치과주치의 제도는 고 박원순 전 서울시장이 가장 먼저 도입했다. 2012년 5월에 시작해서 그 해 말에 이미 만족도 조사까지 실시할 정도였다. 당시 언론 보도를 보면, 아동뿐만 아니라 청소년들까지 대상으로 한 치과주치의 제도를 시행해 90% 이상이 만족한다는 조사 결과가 보도됐다. 당시 설문 결과를 보면, 아동 1,541명, 학부모 1,085명, 치과의사 107명을 대상으로 설문 조사했고, 91.3%가 긍정적으로 답변했다.

당시 기사를 보면, 서울시는 초등학교 4학년생뿐만 아니라 지역아동센터 이용자, 특수학교·장애인복지시설 만 18세 미만 이용자까지 지원을 확대한 상황이었다. 이게 끝이 아니다. 종로·동대문·강북·도봉·서대문·동작 등 6개 구의 초등학교 1학년생도 지원 대상에 포함했다. 수혜자는 2012년에만 총 7만 3천여 명이었고, 2013년까지 서울 지역 초등학생 16만 명과 지역아동센터 이용자 8만 명이 혜택을 봤다.

그리고 박원순이 시작한 치과주치의 제도는 전국으로 확산됐다. 이재명이 이 제도를 도입한 2016년에 서울시는 저소득 아동과 청소년을 대상으로 심화치료까지 지원하는 수준으로 나아갔다. 이 제도는 전국으로 확산되었고 2021년에는 국가 차원의 정책으로 채택돼 복지부에서 아동치과주치의 건강보험 시범사업을 시행하는 수준까지 발전했다. 내용을 보면, 초등학교 4학년 아동을 대상으로 3년간 6회 주치의 서비스를 제공하고, 1회 본인부담금을 7,000원 대로 책정했다.

언론에 기사가 나지 않았다고 사람들이 아무도 모를 거로 생각하고 아무거나 '이재명표'를 붙여서 자기 브랜드로 만드는 것은 사실상 전 국민을 상대로 사기를 치는 행위다. 이래도 되는 것일까? 이런 식으로 11년 동안 '일 잘하는 이재명'이라는 허구의 신화를 만들어왔다. 그리고 이 책은 처음으로 그 허구를 총체적이고 종합적으로 정리하고 있다.

## 정부 정책을 살짝 변형해 최초 타이틀을 붙인 '건강과일' 공급

이재명은 역대 정치인, 전 세계 정치인을 통틀어 가난을 열심히 세일즈하는 정치인이다. 이재명과 관련된 책에 가난한 어린 시절 이야기는 거의 필수 항목처럼 들어가 있다. 정말 보기 드문 현상인데, 정책에도 자신의 가난을 투입한다. 대표적 사례가 건강과일 공급이다. 어릴 적 과일을 실컷 먹어보지 못한 게 한이어서 신혼 초기에 과일 사느라 엄청난 돈을 지출했다고 책에 쓰기도 했다.

2019년 6월 12일 이재명 지지자들이 혐오하는 〈중앙일보〉에는 「이재명식 '가성비 높은 복지정책', 이번엔 어린이집 무상과일」이라는 제목의 기사가 나왔다. 말 그대로 어린이집에 과일을 제공한다는 내용이다. 그나마 기사는 이재명이 늘 앞세우는 '건강과일' 대신 '무상과일'이라고 표기했는데, 이재명은 '건강과일'을 강조한다. 이 세상에 건강하지 않은 과일이라도 있는지 모르겠지만, 다들 짐작하듯이 '건강'을 굳이 집어넣는 이유가 있을 것이다.

이 정책도 이재명이 자신의 대표적인 업적으로 세일즈하고 있는데, 어디까지 사실일까? 왜 이게 기사가 될까? 답은 '어린이집'과 '초등학생'의 차이에서 비롯된다.

문재인 정부는 공약으로 초등돌봄교실에 과일 간식을 제공하겠다고 약속했고, 실제로 문재인 대통령은 2017년 8월 30일 "과일이 공공급식 등에 제공된다면 소비가 촉진될 것"이라며, 학교에 과일 간식을 지원할 것을 지시했다. 그리고 2018년부터 전국의 초등돌봄교실을 이용하는 초등학생 24만 명을 대상으로 과일 간식(150g)을 30회 제공했다. '과일 간식'으로 표기했을 뿐 굳이 '건강' 같은 불필요한 수식어는 집어넣지 않았다. 건강하지 않은 과일은 없으니까 말이다.

 이재명이 시행하고 있는 과일 간식 사업은 그 대상이 '어린이집'이라는 게 다르다. 정부에서 이미 초등학생을 대상으로 시행하고 있는 정책이어서 자기 브랜드를 만들기 위해 '어린이집'을 대상으로 '이재명표'를 만든 것이다.


## 푸드마켓도 업적이라니 부끄럽지 않나?

 경기도청 미래성장정책관 임문영 씨가 쓴 『이재명의 싸움』 (p.260)에서는 "'경기 먹거리 그냥드림 코너'는 성남시, 광명시, 평택시에 위치한 푸드마켓 3곳에 기업과 개인으로부터 기부받은 식품과 생활용품을 결식 위기에 놓인 저소득 취약계층에 제공한다"라고 서술하고 있다.

 이재명은 또다시 눈물겨운 자신의 가난을 앞세워 푸드마켓을 업적으로 내세운다. 2021년 12월 25일 성탄절을 맞아 이재명은 SNS에 글을 올려 "크리스마스가 되면 값비싼 선물보다 모두에게 선물을 나누어줄 수 있는 산타 할아버지의 초능력이 더 부러웠던 적이 있었다. 경기도지사 시절 '경기그냥드림센터'를 만들었던 이유다. 누구인지, 왜 오는지 묻지도 따지지도 않고 먹거리를 내어드리는 곳이다. 코로나-19로 어려워진 생계 때문에 일주

일 넘게 굶주리다 달걀 한 판 훔쳤다는 이유로 구속된 '코로나 장발장'을 보고 결심한 일"이라고 구구절절 설명했다.

이재명 글만 보면 먹을거리를 그냥 주는 곳이 우리나라에 별로 없는 것처럼 오인하기 쉽다. 하지만 이재명의 '푸드마켓'은 이미 정부 차원의 지원으로 민간에서 시행하고 있는 '푸드뱅크'를 보완하는 측면에서 시행하고 있었다. 심지어 푸드뱅크는 김대중 전 대통령 재임 당시인 1998년부터 민간에서 처음 시작됐고, 이걸 2000년에 국정과제로 격상시켜 전국적으로 확대했다. 심지어 특정 지역만이 아닌 전국 골고루 혜택이 돌아가게 하려고 이동푸드마켓도 운영하고 있다. 이재명은 경기도에 푸드마켓 3곳을 운영한다고 했는데, 이미 경기도에 운영 중인 푸드뱅크는 91개다.

'푸드뱅크'와 '푸드마켓'은 운영 방식이 다르다. 푸드뱅크는 지원 대상자를 찾아가 물품을 나눠주는 방식이고, 푸드마켓은 편의점 형태로 운영하고 일정 자격을 갖춘 사람이 월 1회 쿠폰을 받아 매장을 직접 방문해서 자유롭게 물품을 골라 담아 가져가는 방식이다.

이재명은 푸드마켓에 대해 "누구인지, 왜 오는지 묻지도 따지지도 않고 먹거리를 내어드리는 곳"이라고 쓰고 있지만, 푸드마켓을 이용하기 위해서도 일정한 자격이 있어야 하고, 푸드마켓을 이용할 수 있는 쿠폰을 받아야 한다. 그리고 쿠폰으로 담을 수 있는 물품도 개수가 제한돼 있다. 푸드마켓은 경기도가 처음 시작한 일도 아니다. 푸드마켓은 이명박 정부에서 처음 시작한 사업이다. 이재명이 설치했다는 광명의 경기그냥드림센터는 이미 2013년부터 푸드뱅크와 푸드마켓을 동시에 운영 중이었다. 여기에 이재명이 예산 좀 보태주고 '경기그냥드림센터'라는 포장지를 새로 덮어씌운 사례다.

이미 존재하는 제도와는 달리 새로운 사업을 추진하는 것을 나무랄 수는 없다. 하지만 마치 그런 제도가 없는 듯이 말하는 것은 사실을 왜곡하게 된다. 자기 업적을 부풀리기 위해 있는 사실을 감추거나 없는 것인 양 취급하는 이재명의 방식은 사실상 거짓말에 가깝다. 거의 모든 정책이 그렇다. 자신이 처음 하는 것처럼 포장하기 위한 교묘한 술수가 정책 곳곳에 숨겨져 있다.

# 책을 마치며···

이재명에 관해서 많은 사람들이 '도덕성에 문제 있지만 일은 잘한다'고 말한다. 더불어민주당 지지층에서도 양심이 있는 사람은 이재명이 떳떳한 사람이라고 말하지는 않는다. 물론 이재명이 당 대선 후보로 결정된 이후 전과 4범에 대해서도 '공익을 위해서'라는 새로운 서사를 쓰고 있지만, 많은 사람들의 공감을 얻지는 못하고 있다. 공익을 위해서 불법을 저질러도 된다면, 이 세상에 처벌할 수 있는 불법은 존재하지 않을 수도 있다.

법정에서 피고인들도 저마다 불법을 저지른 이유를 대며 자신을 정당화한다. 어린 시절 가난을 팔며 불우하게 살았던 이야기를 하며 자신의 부도덕함과 불법행위를 정당화하거나 변명한다. 그렇다고 법이 용서하지는 않는다. 군사독재정권 시절 수많은 민주화 운동 인사들을 고문했던 사람들도 저마다 '대한민국을 지키기 위해'라고 자기변명을 했지만 처벌했다.

더불어민주당 정치인들이 당내 공천에서 살아남기 위해 고개를 조아리는 김어준은 이명박이 구속되자 이렇게 말했다.

"10년 전 그는 자신과 관련한 모든 의혹을 부인했었죠. 그러고는 대통령이 되었습니다. 그렇게 많은 의혹들을 달고도 대통령이 될 수 있었던 건, 사람들이 그의 말을 전적으로 믿어서였는가… 아니죠. 기꺼이 한 표를 던진 사람들도 사실 그의 말을 신뢰하지는 않았습니다. 하지만 상관없었죠. 그가 나를 부자로 만들어줄 것만 같았거든요. 내 부동산, 내 주식이 뛸 것 같았거든요. 내가 부자가 될 수 있는데, 거짓말 좀 하는 게 뭐 큰 대수인가, 사람들은 그렇게 그가 아니라 자신들의 욕망에 표를 던졌고, 채워진 것은 사람들이 아니라 오로지 그의 욕망뿐이었죠. 사람들은 사기를 당한 겁니다. 하지만 사기라는 것은, 그 거래를 통하여 비정상적으로 이득을 보려는 피해자들의 욕망 없이는 애초부터 성공할 수가 없죠. 사기의 피해자는 피해자이면서도 동시에 그 공범인 경우가 많습니다."

．

지금 이재명에게도 수많은 의혹이 제기됐지만, 수사기관은 이재명 근처에도 가지 않고 있다. 적어도 이명박은 수사기관이 비록 무혐의로 결론 내렸지만, 수사는 했다. 특검도 했다. 그런데 이재명은 아예 신성불가침이다. 이명박 시대보다 후퇴했다. 김어준은 이명박이 구속되던 날 이렇게 말했다.

"그래서 이명박 같은 자를 대통령으로 뽑는 나라가, 그런 천박한 나라가 다시는 되지 말자."

지금 이재명을 반대하는 더불어민주당 내 당원들이 김어준이 말한 바를 실천하고 있지만, 그들은 더불어민주당 내에서 혐오와 배제의 대상이 되었다. 이재명을 옹호하는 세력들은 삼성 등 민주당 집권을 저지하려는 거대한 음모 세력이 배후에 있다고 여기며, 그들을 향해 '작전 세력, 똥파리, 수박'이라는 멸칭을 써가며 당 밖으로 내쫓고 있다. 이재명에 반대하는 사람들은 중도 리버럴, 자유주의에 기반한 온건한 개혁 성향을 띠는 사람들이다. 당 내의 중도 세력을 작전 세력, 똥파리, 수박이라 멸칭하며 박멸하겠다는 사람들이 대통령 선거에서 이기겠다고 중도층 표를 얻기 위해 자신들의 사상과 노선을 숨기고 교언영색하고 있다.

이 책은 본격적으로 이런 문제까지 들어가지는 않았다. 이재명을 둘러싼 갖가지 의혹도 다루지 않았고, 이재명의 삶에 관한 의혹도, 갖가지 도덕성 문제도 언급하지 않았다. 이재명과 그 지지자들이 '이재명은 실력 있고, 실행력 있고, 실적이 있다'라고 내세우는 그 업적만을 다뤘다. 그야말로 이재명 말대로 '찢어봤다.'

결론적으로, 이재명 스스로 실력 있고, 실적 있고, 실천 한다는 3실은 그야말로 허구가 만들어낸 산물에 불과하다는 사실이다. 이재명은 자신조차 속여가며 세상 누구보다 앞서서 메타버스, 즉 가상의 세계를 살아왔다.

이 책을 읽고도 이재명이 일을 잘한다고 생각한다면, 더는 할 말이 없다. 종교와 과학의 세계는 다르다는 걸 받아들일 뿐이다. 도덕적이지 않은 사람이 일을 잘할 수는 없다. 도덕적이지 않은 사람이 유능한 경우는 오직 자신의 이익이 걸려 있을 때다. 일을 잘하는 듯 보이는 것도 자신의 이익에 충실하기 때문이다. 우리는 일상 속에서도 그런 사람들을 많이 본다. 하는 척하는 사람, 별거 아닌 것도 부풀려서 자기를 과대 포장하는 사람, 타인이 한 일을 자기의 공으로 가로채는 사람, 실제로 한 일은 보잘것없지만 말로 엄청난 일을 한 것처럼 꾸미는 사람을 말이다. 이재명은 그 종합판이라는 게 이 책의 결론이다. 판단은 독자의 몫이고, 유권자들의 몫이다. 〈이재명연구회〉는 그 판단에 도움이 될 것을 기대하고 이 책을 세상에 내놓았다.

　대통령 선거가 끝나고 이재명이 당선되면 이 책을 출판한 출판사가 탈탈 털리고, 〈이재명연구회〉도 털리고, 집필자의 신상도 털리며 인격 말살과 정신 파괴를 할지도 모른다. 꼬투리를 잡아 저잣거리에서 짓이겨질지도 모른다. 우리는 그런 두려움을 안고 이 책을 썼다. 우리에게 그런 공포감을 주는 대통령 후보가 국민의힘도 아닌, 독재정권과 맞서 싸우며 민주주의를 발전시켰던 더불어민주당 후보라는 사실이 끔찍하고 두려울 뿐이다.

　1789년 프랑스 혁명 직후 온건파가 몰락하고 로베스피에르의 자코뱅당이 주도권을 쥐며 공포정치 시대가 열렸다. 그리고 공포정치를 불러온 혁명은 반동을 불러왔다. 로베스피에르를 비롯한 강경파들이야말로 프랑스혁명을 망친 반동 세력들이었다. 러시아혁명 이후 강경 볼셰비키가 득세하며 1천만 명이 넘는 사람들이 죽어 나가는 공포의 시대가 도래했음을 우리는 알고 있다.

2016년 대한민국은 진보와 보수, 좌파와 우파라는 이념을 뛰어넘어 모두의 힘으로 온건한 혁명의 촛불을 들어 올렸지만, 2022년 오늘날 그 촛불은 꺼져버렸다. 2018년 이후 극렬개혁파가 주도권을 장악한 더불어민주당에 의해 촛불혁명 정신은 진작에 타살당했다. 새로운 공포정치 시대가 열렸다. 그 공포정치의 문을 연 세력은 다름 아닌 소위 친노, 민평련, 전대협과 한총련 등 주사파, 아류주사파, 각종 운동권 세력들이었고, 더불어민주당 내 온건개혁파, 중도 세력, 자유주의 세력은 완벽한 소수로 전락했다. 이재명은 극렬개혁파, 강경개혁파가 내놓은 반혁명의 상징이다. 이재명의 중도를 노린 언행은 유권자를 속이기 위한 전형적인 통일전선전술에 불과하다.

촛불혁명은 죽어가고 있다. 이 책은 더불어민주당의 반혁명에 저항하는 작은 몸짓이다. 더불어민주당의 반혁명에 맞서 죽어가는 촛불혁명에 작은 숨이라도 불어넣기 위한 몸짓이다. 2022년 3월 9일은 반미, 친중, 친북, 반시장, 반기업 등 극렬, 강경 세력이 장악한, 새로운 공포정치 시대를 열고 있는 더불어민주당이라는 반혁명 세력의 광기와 폭주를 멈추느냐 마느냐를 결정하는 선거다. 이 책이 그 광기와 폭주를 멈추는 데 작은 역할이라도 하기를 바라면서 두려운 마음으로 책을 내놓는다.

# 이재명,
# 허구의 신화
**이재명의 대표적인 '업적'을 검증한다**

| | |
|---|---|
| 발 행 일 | 2022년 02월 10일 초판 1쇄 |
| | 2022년 02월 22일 초판 2쇄 |
| 지 은 이 | 이재명연구회 |
| 펴 낸 이 | 정형일 |
| 기획편집 | 최민석 |
| 펴 낸 곳 | 피비콘텐츠 |
| 출판등록 | 2022년 01월 07일 |
| 이 메 일 | bookandcontent@hanmail.net |

· 이 책은 저작권법에 의하여 보호를 받는 저작물이므로 무단 전재와 복제를 금합니다.